杜里舒与近代中国

龙国存／著

吉林大学出版社

·长春·

图书在版编目（CIP）数据

杜里舒与近代中国 / 龙国存著. -- 长春 : 吉林大
学出版社, 2021.1
ISBN 978-7-5692-8069-2

Ⅰ. ①杜… Ⅱ. ①龙… Ⅲ. ①杜里舒 (Driesch,
Hans 1867-1941)—文集②中国历史—近代史—文集 Ⅳ.
①B516.59②K250.7-53

中国版本图书馆CIP数据核字(2021)第040989号

书　　名：杜里舒与近代中国
　　　　　DULISHU YU JINDAI ZHONGGUO

作　　者：龙国存　著
策划编辑：矫　正
责任编辑：张宏亮
责任校对：郭湘怡
装帧设计：雅硕图文
出版发行：吉林大学出版社
社　　址：长春市人民大街4059号
邮政编码：130021
发行电话：0431-89580028/29/21
网　　址：http://www.jlup.com.cn
电子邮箱：jdcbs@jlu.edu.cn
印　　刷：长春市华远印务有限公司
开　　本：787mm×1092mm　　1/16
印　　张：12.5
字　　数：100千字
版　　次：2022年1月　第1版
印　　次：2022年1月　第1次
书　　号：ISBN 978-7-5692-8069-2
定　　价：50.00元

序

"五四运动"前后，民主与科学思潮激荡，中国的思想与文化领域异常活跃，出现了新旧思潮的大激战。中国封建旧文化被猛烈批判，西方新文化被大力引进。在此过程中，西方一批思想大师被邀来中国讲学，先有实用主义思想家约翰·杜威（J.Dewey，1859—1952），后有数理哲学家伯特兰·罗素（B.Russell， 1872—1970），接着又有生机主义哲学家杜里舒（H.Driesch， 1867—1941）等。这些大师到中国后，在各大城市进行巡回演讲，介绍各自的学说，引起了中国知识分子的关注，并对当时的中国思想界造成了较大影响。

对于杜威、罗素，中国学术界已有专文、专著予以论述。而对杜里舒，学术界的研究还有待深入。除了某些著作在部分章节中简要介绍了杜里舒外，至今仍无相关专著。[①] 另外，近几年有相关论

---

① 黄见德在《西方哲学东渐史》（武汉出版社，1991年）的第四章和《20世纪西方哲学东渐问题》（湖南教育出版社1998年）的第二章中简要介绍了杜里舒的来华活动及其学说的传播；郑大华在《张君劢学术思想评传》（北京图书馆出版社，1999年）的第四章中简单叙述了张君劢对杜里舒生机主义哲学的介绍；元青在《杜威与中国》（人民出版社，2001年）的第三章中简要概述了杜里舒的来华活动和演讲；楼宇烈、张西平在《中外哲学交流史》（湖南教育出版社，1998年）的第八章中涉及了杜里舒的来华讲学。

文开始介绍杜里舒学说及其影响。

　　杜里舒是德国近代著名生物学家兼生机主义哲学家，早年以研究动物学而著名，其后转向哲学研究。他反对"机械论"，提倡生机主义，认为生物的发展变化是由于其内在的动因，即"隐德来希"。继杜威、罗素之后，1922年10月杜里舒应邀来华讲学，到1923年6月离去，十个月间曾在上海、南京、武汉、北京、天津等城市作了上百次演讲，宣讲了其生机主义学说以及关于秩序论、形上学、达尔文学说之批评、历史之意义、自由问题等理论，还介绍和评析了欧洲哲学潮流。其生机主义等学说对近代中国思想界产生了较大影响。

　　《生机体之哲学》是杜里舒在中国最重要的演讲。通过论述分析的实验发生学、遗传发生学、行为生理学三个生物自主律的论据，阐述了生机主义的形成、特点、理论构成等，从而证明：生物的发展变化不受物理、化学法则的支配，生物体内部有一种自主的、趋向于完整个体的动力。由此他认为"机械论"是错误的，倡导生机主义。他借用亚里士多德学说中"隐德来希"的概念，指出"隐德来希"是生物发展变化的最终动因。"隐德来希"存在于生物体内部，不受外界影响，自由自律，可自主决定生物的历程，使生物趋向于一完整的个体。在《系统哲学》的讲演中，杜里舒从发端论出发，阐述其秩序论。把"我"与"物"的关系作为论述的起点。"我体验某物""我知某物"或"我自觉的有某物"作为无可疑义的原理，即以"我知主义"为出发点来研究秩序论。把秩序论分为一般秩序论、自然界秩序论和灵魂秩序论。一般秩序论研究对象的特性，从对象的秩序符号来求相互的秩序，可划分为不可分析之原始意义、有序的复合体和复合体之本于推论而来者。自然秩序论主要有单独因果、全体因果、变之创造、物之创造等四种形式。灵魂秩序论则针对"我"的潜意识。《形上学》的演讲主要讲述了实在论。第一种求实在的方法，是以经验界为果，以实在为因，由果推因的归纳方法。这种方法要遵循实在的繁复程度不劣于现象的繁复程度的原则。另有一种形上学的方法，则是超越于时间、进入非时间状态的一种方法。进入非时间状态，实在之本体只有一个超个体的全体，即上帝。《达尔文学说之批评》以新的生物学理论和新生机主义学说批评了达尔文的进化论。杜里舒主张细胞而成生机体，是有非机械的动因在，这个动因就是"隐德来希"。而达尔文的学说属于积叠的、以偶然遭遇为基础的，达尔文学说的自然选择不能解释物种的存在和灭亡，纯种的流动变化证明微变遗传说是错误的，达尔文进化论也不能说明器官特异之来源、复生现象、胚胎实验等。杜里舒通过《历史之意义》的演讲，主要阐述了他的历史观。他认为，历史之意义取决于历史是积累的还是进化的。历史中的许多现象如种族的分立、国家的分立、大人物等都与进化无关，只有"智识线"才是进化的。《自由问题》首先介绍了关于自由的两种定义：绝对的自由论与相对的自由论；再从五个方面分析了自由意志，从而得出结论：自由与不自由是人力难以解决的问题。他本人倾向于认为，行为的具体表现是由固有性决定的，而是否采取行为则是个人的自由。《康德与最近哲学潮流》所讲的主题是认识论，主要讨论认识的本质是什么以及认识的界限在哪里。在此次演讲中，高度评价了康德的地位，具体讲述了康德以前的认识论、康德的认识论、康德之后的哲学以及最近哲学潮流。

杜里舒来华讲演期间，中国知识界进行了大力宣传，由此掀起了传播杜里舒学说的高潮。中国一批知识分子在此热潮中接受和吸收了杜里舒的思想和观点，并将之与中国国情相结合，以解决中国的现实问题。杜里舒的生机主义不断激荡着当时的中国思想界。

"科学与人生观"论战中玄学派一方的主将——张君劢曾与杜里舒长久相处，受其影响较大。在"科玄论战"过程中，多次援引杜里舒的学说与经历。他吸收了杜里舒的"自由意志"学说，以说明人生观是"自由意志"的，人生观的问题不能由科学解决；还借鉴了杜里舒的进化论思想，证明达尔文的进化论不能成立，生物学的公例还未找到，科学不是万能的。他引证了杜里舒从研究科学转而研究形上学的经历以及杜里舒对形上学的重视，说明科学是有限的，只有形上学才能最终解决人类问题。杜里舒的生机主义反对传统的"机械论"，主张生物有自主协调性。以瞿世英为代表的中国知识分子将其与中国现实相结合，提倡一种时代精神。生机主义证明了每个细胞都可以发展成完整个体，瞿世英由此鼓励人们要舍己为国、承担责任。生机主义证明了细胞的发展不是由于机械的动因，而是由于内在的动因即"隐德来希"，由此瞿世英鼓舞人们要打破枷锁，追求个性自由，发挥主动性。生机主义证明切去一部分细胞后的其它细胞仍然可以发展成一全体，由此瞿世英倡导人们要团结一致，互相协调，共同奋斗。通过阐发生机主义学说，瞿世英反对机械主义的人生观，主张一种生机主义的人生观，提倡团结协调、积极进取、自主自由的时代精神。以朱谦之为首的历史学家吸取了杜里舒的新生机主义观点，用之解释历史，形成了"生机史观"这一新的史学流派。朱谦之首先接受了生机主义中关于进化与积累、智识线等观点，用来解释历史的意义。还吸收了杜里舒哲学中的"全体性""生命自主""隐德来希"等概念与思想，形成了生物学的历史哲学方法，并十分重视生机主义在历史哲学发展史上的地位。杜里舒多次作了关于康德哲学的演讲，以认识论作为主题介绍了康德哲学的内容及历史地位，并详细介绍和评析了欧洲哲学的主要流派及代表人的思想观点。这些演讲被广泛传播，一方面让中国知识分子加深了对康德哲学及欧洲哲学的了解与认识，又引起了中国知识界对康德哲学和欧洲哲学的兴趣和重视，为中国知识界进一步了解、研究、引进西方哲学打下了基础，也促进了康德哲学在华传播高潮的出现。

1923年1月开始，商务印书馆陆续出版了《杜里舒讲演录》，1923年4月《东方杂志》刊出了"杜里舒号"，1924年费鸿年撰写了关于杜里舒的专著《杜里舒及其学说》，《晨报》《时事新报》及其副刊等不断登载其行踪与演讲。当时中国知识界掀起了传播杜里舒哲学的高潮。一批知识分子接受和吸收了杜里舒的学说与观点，或运用于"科学与人生观"论战，或借此宣扬一种时代精神，或以之为基础建立了生机史观。

杜里舒的学说以生机主义为特征，激荡着陈腐的中国封建文化，冲击着沉醉的中国民众。20世纪20年代的中国思想与文化领域因之添色彩、增活力。中国近代思想界为杜里舒准备了舞台，杜里舒为中国近代思想界增添了精神与活力。因此，深入讨论杜里舒的中国之行以及他对近代中国的影响，可以从另一个角度探析西方文化尤其是德国哲学的东传，也可以从又一个方向再现当时活跃的中国思想界，从而丰富和加深对近代中西文化交流史和思想史的研究。

目　录

一

杜里舒其人及其来华

1. 杜里舒生平及其学术发展概况

　　杜里舒是德国近代著名生物学家兼生机主义哲学家。早年以研究动物学而著名，其后转向哲学研究，反对"机械论"，提倡生机主义，认为生物的发展变化是由于其内在的动因即"隐德来希"。1922年，他应邀来华讲学，其生机主义等学说对近代中国思想界产生了较大影响。

　　1877年，杜里舒进入德国汉堡文科中学学习，1887至1889年间在德国南部各大学求学，主要学习生物学课程，1889年毕业于耶纳大学。19世纪后半期，"机械论"主导学界，认为生物就像机械一样受物理、化学法则的支配。大学期间杜里舒就深受提倡"机械论"的赫克尔学派的影响。1889年，他以《水螅类的构造》一文获得了博士学位，在理论上用"机械论"的几何学的规则来表示生物型体的发生。这篇论文即由赫克尔（E.H.Haeckel，1834—1919）所审定。

　　杜里舒主要研究生物学，不过对哲学也有浓厚的兴趣。在弗莱堡大学时，他常听哲学家黎尔（A.Riehl，1844—1924）的讲课，毕业后最爱读李普曼（O.Liebmann，1840—1912）的实在的分析学说，并对他产生重大影响；后来又研究了康德（I.Kant，1724—1804）、叔本华（A.Schopenhauer，1788—1860）、笛卡尔（R.Decartes，1596—1650）、洛克（J. locke，1632—1704）等的著作，在理论生物学及实验上均受影响。1893年，他出版了《生物学为独立的科学》一书，初次把哲学上的目的论概念应用到了生物学上。1894年，所出版的《生物发生的分析论》也带目的论的色彩，而这种目的论的概念是从康德著作中吸收而来。这种目的论是"静的目的论"，属于"机械论"的一种，提倡用物理、化学的原则来说明生物有目的的各种历程。

大学毕业后，杜里舒先在热带搜集动物。1891年他至1900年，一直在德国设立的地中海生物研究所从事实验。1891年他做了一个海胆胚胎实验，发现海胆的每个细胞都可以发展成为完整的个体，由此认识到"机械论"不能说明他发现的这种新现象，于是渐渐转入对与"机械论"相反的生机论的研究。

1899年，他就在《形态发生中的方位论》中从发生学上证明了"机械论"的短处，开始明确表示要抛弃从前的"机械论"，而首次倡导生机主义，同时这也是杜里舒从专门研究生物学转向研究哲学的转折点。此后他提出了生命自主律这一概念，并以此展开研究，主张生机主义，认为生物的发展变化不像机械那样，而是有其内部的自主性。1905年，他出版了著作《生机主义之理论及历史》，系统阐述了生机论的概念、理论构成及形成发展历史等。此书奠定了杜里舒在哲学界的地位。

随着杜里舒在哲学界的声名鹊起，1907年受邀在苏格兰的阿伯丁大学进行吉福德讲座，开始专门从事哲学学术研究。随后他先后进入了海德堡大学、科隆大学做教授。1921年德国著名的莱比锡大学以优厚待遇聘他为教授。

由于生机论的论据依赖于逻辑的组织，要使生机论站稳脚跟，就必须有逻辑的根本，因而杜里舒还从事逻辑学和范畴论等的研究。1908年发表的《生机论》一书，即是其逻辑哲学研究的成果。此书主要说明了"隐德来希"与物质的关系，并且从个体进入超个体的问题，他的形而上学也是从这本书开始生发的。

1912年杜里舒出版的《秩序论》一书，反对前人旧观点，以"我自觉的有"或称为"知"作为哲学的起点，以新的理论说明范畴的本质和思想的由来。

杜里舒还研究了心理学，从心理学角度说明范畴论的本质。1913年著《问题的论理学》，1916年发表《身体与灵魂》，1917年由秩序论转而进入形而上学，写下研究形而上学的《实在论》，1919年完成《知与思》等各种哲学书籍。至此他的哲学体系基本完成。

概观杜里舒的人生、学术历程，他起初是一个生物学家，正是从生物现象上发现了"机械论"的错误，继而转向了对生命自主律的研究，提倡生机主义哲学，再从生机哲学方面建立了逻辑学及形而上学，形成了自己的哲学体系。所以杜里舒的生机哲学是以生物学为出发点和基础的哲学，是生物学上的哲学。

2. 杜里舒来华缘起

"五四运动"后，民主与科学思潮发展，中国思想界积极向西方国家探求新思想，杜威、罗素先后来华讲学。1920年9月，由梁启超、张东荪等组织成立的"讲学社"应运而生，计划每年邀请一个西方思想家来华讲学。"讲学社"成立不久，即致电当时在德国耶纳的张君劢，嘱他邀请生命哲学代表人物柏格森（H.Bergson，1859—1941）与精神生活哲学代表人物倭铿（R.Eucken，1846—1926）来华讲学。当时柏格森因有其他讲学计划不能成行，而倭铿年老体弱，且在德国战败困苦之际，不愿远游。于是张君劢考虑聘请德国学者中可以代替倭铿的人，得出三个人选：李凯尔特（H.Rickert，1863—1936）、那托尔卜（P. Natorp，1854—1924）、胡塞尔（E. Husserl，1859—1938）。

张君劢与当时在德国的蔡元培、林宰民一起去同倭铿商议，倭铿认为：李凯尔特年迈多病，且其认识论偏于形式论，与中国考求西方文明实际之利害不符；那托尔卜的教育学造诣深厚，适合中国需要，但已年老；于是推荐说："以余所见德国壮年哲学家，年不过五十左右者，当以杜里舒为第一人，其人自生物学出身，转而至哲学；故其哲学有科学上之根据，或者于中国今日好求证于科学之趋向相合。"①张、蔡、林三人对此意见表示同意，然后张君劢将此意见致函讲学社。梁启超回电，让张君劢聘一英国经济学者来中国，如果请不到经济学者，则在狄金生（Dikinson）和杜里舒两人中选一人。经济学者凯恩斯（J.M.Keynes，1883—1946）、霍布森（J.A.Hobson，1858—1940）都表示推辞。张君劢认为"迭氏（指狄金生）虽善文辞，不以特别之学术称于世"②。于是他通过倭铿的介绍，向杜里舒提出了来华讲学的邀请，并得到了杜里舒的同意。

几番波折，一年来悬而未决的来华人选最终确定。杜里舒以德国壮年哲学家"第一人"以及其"哲学有科学之根据"而被推荐到了中国。

对于杜里舒的来华，中国知识界非常重视。为了使中国知识分子在杜里舒来华之前对其思想有所了解，1922年2月张君劢在《改造》上发表了专题文章《德国哲学家杜里舒氏东来之报告及其学说大略》，介绍了杜里舒的生平、著述及学术思想。文中张君劢表现出了极大的热情和期望，说："杜威来而去矣，罗素来而去矣，杜里舒之来亦不远矣，一美人也，一英人也，今又继之以德人，吾思想界之周咨博访，殆鲜有如今日之盛者也。"③这正反映了当时中国知识界对杜里舒的热切期待，希望杜里舒这位德国哲学家像英国的罗素、美国的杜威一样在中国大放异彩，"吾深望以实验科学而兼

---

① 君劢. 德国哲学家杜里舒氏东来之报告及其学说大略[J]. 改造, 1922（02）: 2.

② 君劢. 德国哲学家杜里舒氏东来之报告及其学说大略[J]. 改造, 1922（02）: 3.

③ 君劢. 德国哲学家杜里舒氏东来之报告及其学说大略[J]. 改造, 1922（02）: 3.

哲学之杜里舒氏为我学术界辟一天地也"[①]。1922年7月费鸿年发表《生机论》一文,认为杜里舒是"以生物学的研究进而为现代第一流哲学家"[②]。他介绍了生机论的发展过程,高度评价了杜里舒对生机论所做的贡献,"总可算现代生机论的大成"。[③]由此中国知识界对杜里舒及其学说有了较为详细的了解,并期盼着他的到来。

① 君劢.德国哲学家杜里舒氏东来之报告及其学说略[J].改造,1922(02):24.

② 费鸿年.升级论[J].学艺,1922(07):1.

③ 费鸿年.升级论[J].学艺,1922(07):18.

3. 杜里舒在华行踪

1922年10月14日，杜里舒偕同夫人乘船抵达上海，张君劢、陆鼎揆、卫礼贤（R.Wilhelm）等到埠欢迎。15日晚，江苏省教育会、东南大学、同济大学、讲学社、中国公学五团体在卡尔登饭店设盛宴欢迎杜里舒及其夫人，宴会由讲学社代表蒋百里担任主席，张君劢致欢迎词，东南大学校长郭秉文、德国公使代表威廉汉姆（Ur. Wilhelm）等都作了演说。此次宴会甚是隆重，是中国知识界继杜威、罗素来华之后的又一盛事。《晨报》和《时事新报》对此都作了详细报道。

10月16日杜里舒夫妇到杭州西湖游览，19日返回上海。10月20日在商科大学演讲"生命问题"。当时中国知识分子表现出了极大兴趣，据1922年10月22日《申报》记载："到者有杜里舒夫人、德国总领事、德国公使参赞等，合计听讲者达五百人"，杜氏的首场演讲就亮出了自己的代表思想，即生机主义哲学，他提出："生命当以生机主义解释，即生命自主、生命自有其力"①。这让中国观众耳目一新。

10月21日，杜里舒在南洋大学演讲，参加人数众多，盛极一时。杜里舒作了"心与身"的演讲②，他反对心神合一论，认为人非机器可比，提倡心灵的自由。这符合了中国知识分子力图摆脱封建束缚、追求自由的需要。

10月22日，杜里舒及其夫人由张君劢陪同赴南京。10月26日，南京的中国科学社设宴欢迎杜里舒、梁启超等三人，杜里舒作了精彩演说。其后杜里舒在东南大学作长期演讲，并将其演讲作为该校学生的正式功课，给予学分。他先后举办了"生机体之哲学""近代哲学史"等讲座，此外还另设研究所班，有志研究者均可参加。

1923年1月2日，杜里舒夫妇在张君劢、瞿世英的陪同下乘船抵达汉口，当日湖北教职员联合会在黄鹤楼进行热烈欢迎，湖北省教育厅长宗彝、中华大学校长陈时等到会致词。欢迎会后，杜里舒即为湖北教育界的寒期讲演会作讲演——《达尔文主义之批评》，批判达尔文主义的机械性。1月3日上午，湖北督军在任署再次欢迎杜里舒。下午，杜里舒演讲了《身体与心灵》，其夫人讲演了《西方妇女运动》。

1月4日，杜里舒夫妇偕同张君劢、瞿世英（笔名菊农）由汉口乘车北上，1月6日到达北京，北京大学代表蔡元培和尚志学会、新学会、讲学社各学术团体代表等到车站迎接，教育部、中国大学、民国大学等均派人到站欢迎。

---

① 本报讯. 杜里舒演讲生命问题纪 [N]. 申报, 1922-10-22.

② 本报讯. 南洋大学工程会近讯 [N]. 申报, 1922-11-10.

1月10日，《晨报》报道："德国杜里舒博士，自来华后，迭在各地演讲，颇受欢迎。两月来，在南京东南大学演讲生机哲学及近代哲学，听者极为满意。现该校校长郭秉文，以杜氏对吾国学术上贡献甚大，拟由东南大学赠予博士以名誉学位，业于前日提出教授评议联席会，经众讨论通过。"[①]1923年6月，东南大学授予杜里舒名誉博士学位。

1月11日、18日、25日和2月1日，杜里舒连续在北京高师作公开演讲，题目为《生机体哲学问题》，系统阐述了他最主要、最有代表性的生机主义哲学观点。

此后一段时期，杜里舒一直在北京、天津各大学作讲演：先后在南开大学作了《历史之意义》《伦理学上之根本问题》的演讲，在北京大学作了《系统哲学》《近世心理学问题》等演讲。6月12日《晨报》报道，杜里舒在北大讲演《系统哲学》完毕。

另外，杜里舒夫妇还在北京女子高等师范学校讲演了《德国妇女运动及女子教育之状况》，介绍了德国妇女运动和教育的历史，激励中国妇女以运动求得权利。

6月15日，杜里舒即将返回德国，讲学社主人梁启超以及北京学界、外交界的代表人物在金鱼胡同海军联欢社为杜里舒饯行。张君劢代表讲学社作了欢送演说，高度评价了杜里舒来华讲学的成就，"则博士者，谓为吾国思想史中惟心主义之先驱可也。"[②]杜里舒也作了临别赠言，对中国各界的热情招待表示感谢，还提出了对"世界主义"的热切希望。

① 本报讯. 东大赠杜里舒学位 [N]. 晨报, 1923-01-10.

② 张君劢. 送杜里舒博士归国之语 [M]//杜里舒讲演录：第十期. 上海：商务印书馆, 1923: 3.

另外要说明的一点，就是关于杜里舒的来华日期，学界有一些误解。

郑大华先生所著《张君劢传》中认为："1922年1月，张君劢偕同来华讲学的杜里舒抵达上海，住在松社。"[①]元青先生在《杜威与中国》中也认为"1921年底，张君劢偕杜里舒回国，1922年1月抵达上海"[②]。

《张君劢传记资料》中也多认为张君劢偕同杜里舒于1922年1月到上海。其中《张君劢老鹤万里心》中记录："民国十一年一月，张陪同杜里舒氏抵达上海。住'松社'，此即张出国前所发起组织之修养团体，亦所以纪念蔡锷者。"[③]《国士：张君劢先生》中记载："君劢先生则被邀任杜氏翻译，在接受了'讲学社'的这一邀请之后，他遂于民国十一年正月偕杜氏东来，在耶拿研究哲学的生涯也因而告一结束。"[④]

这其中有个误解，张君劢确实是在1922年1月从德国回到了上海，据1922年2月9日《申报》记载，张君劢在中华教育改进社开会时作了演讲。可见，张君劢1月确实已回到了上海。

但是杜里舒夫妇并没有随同张君劢同时到达中国，而是晚了9个月，直到10月才抵达上海。1923年8月1日，张君劢作了《送杜里舒博士回国之语》，其中说："去年十月杜博士莅申之日，同人宴之于卡尔顿饭店。"[⑤]时隔一年左右，当不会记错。

① 郑大华. 张君劢传 [M]. 北京：中华书局，1997：112.

② 元青. 杜威与中国 [M]. 北京：人民出版社，2001：165.

③ 朱传誉主编. 张君劢传记资料（第三册）[M]. 台北：天一出版社，1981：7.

④ 朱传誉主编. 张君劢传记资料（第三册）[M]. 台北：天一出版社，1981：37.

⑤ 朱传誉主编. 张君劢传记资料（第三册）[M]. 台北：天一出版社，1981：37.

另外，1922年10月15日《时事新报》报道："德国哲学家昨日抵沪。"1922年10月18日《晨报》记载："杜氏由欧启程，月初即抵香港。转搭日轮三岛丸，于昨晚六时抵沪。"1922年10月《东方杂志》中"大事记"记载："十月十四日，德国哲学家来华讲学"。

由此可知，杜里舒是1922年10月14日抵达上海，而不是1922年1月。

二

杜里舒在华演讲

杜里舒来到中国之后，即在上海、南京、武汉、北京、天津等各大城市进行巡回讲演，系统讲述了他的哲学体系，也介绍和评述了欧洲某些哲学流派如康德哲学等。许多知识分子都听取了他的讲座并进行了广泛的宣传。当时诸多报纸、刊物也都给予报道、转载，如《晨报》《时事新报》《东方杂志》等都报道了他在华的活动及其讲学内容。他的演讲后来由张君劢、瞿世英等翻译、整理，编成了《杜里舒演讲录》，共十期，1923年由商务印书馆出版发行。由此，其学说在中国得到广泛传播。

1.《生机体之哲学》

生机主义是杜里舒最有代表性的哲学观点，《生机体之哲学》是他在华最重要的演讲。在此演讲中，他讲述了其生机主义的形成、特点、理论构成等，反对"机械论"，主张"生机化"。

"生机化"与"机械论"是一对相对的概念，历史上两者一直存在着争论。"机械论"主张生物的生、老、长、殖等现象，像机械一样受自然界的物理、化学原则支配。"生机化"者则主张生物自身存在一种特有的法则，其发展、变化并不受物理、化学原则的支配。17世纪以来，自然科学以经典物理学为范式，由此"机械论"在科学界取得了统治地位。"机械论"者用机械力学的方法来解释自然、人文现象。而到了19世纪末20世纪初，西方社会在经济、政治、文化、思想等方面处于一种动荡不安、分崩离析与重新组合的状态之中。自然科学取得长足进步，特别是现代数学、数理逻辑有了新进展，物理学的研究突破了古典物理学不可超越的界限。以牛顿的机械力学为代表的理论，已无法解释世界的复杂变化，于是哲学家起而反对传统的机械论以及作为其变种的庸俗进化论。同时，19世纪末20世纪初生物学也发展迅速，于是建立在生物学、生理学新发现基础上的反"机械论"的"生机论"应运而盛。

生机论又称为活力论，是19世纪末20世纪初在德、法等国流行的一种唯心主义哲学观点，属于生命哲学的一种。这种哲学观主要建立在生物学基础之上，利用生物学、生理学等科学发现来论证其观点，认为生机体的发展、变化不能用力学、化学等机械说来解释，而是因为生物体内部有一种自主自在的动力，这种动力自由释放、不可度量，是非理性的，也是自由自在的。

从历史上看，亚里士多德所著的《动物世代论》及《动物》两书中，所论动物的各种活动多归于"灵魂"。亚里士多德可算是生机论学派的开山始祖。他认为，生物的活动是因为其体内有一种"动素"（Dynamis）和"极素"（Entelechy），这是支配生物发展变化的潜力。杜里舒在很大程度上就继承了亚里士多德的理论，并引用了"Entelechy"一词作为其理论的核心概念。

亚里士多德之后，化学家斯特尔（G. Er. Stahl）主张灵魂为生活的第一原因，哈勒、康德、黎尔等人也都不是以物理、化学规律而是以生机论解释生命现象。但是他们的论证大多缺少科学的方法。1833年，缪勒（Müller）出版《人体生理学提要》一书，认为生物有特别的有机力，他可以算是近代生机论的第一个代表人物。

杜里舒利用实验生物学的方法，以不可验的动力说明生物自身具有特别的自主性，提出了形而上学的生机论，即新生机论（Neo-Vitalism）。他以更新、更合理的三个生物自主律的证明提出了生机论最有力的证据，成为了新生机论的代表，其学说可说是集近代新生机论之大成。

在《生机论之哲学》的演讲中，杜里舒主要通过讲述其著名的三个生机论的证据，从而系统阐述他的生机主义哲学观点。

第一，分析的实验发生学上的证明。

杜里舒认为生物是从卵转化而来，而卵"亦不过是一细胞耳，然生机体即由此而生长"。[①]那么这个卵细胞如何发展成为一个生物个体呢？以前的生物学家都认为，卵细胞就像机器一样，生物体的一切复杂组织都已存在于这个卵细胞之中。随着这个卵细胞的分裂，生物体各个组织不断长大，但各组织原来所占卵细胞的比例在分裂过程中仍不变。如果一个组织在一个卵细胞时期所占比例为1/10，那么当卵细胞发展成为成千上万个细胞组成的个体时，这个组织占个体的比例仍为1/10。如果在卵细胞发展到10个细胞时，切掉这个组织所在的那个细胞，那么当卵细胞长大为个体时，这个个体便会少掉这个组织。就像机器一样，如果去掉机器的一部分，那么这台机器便会始终缺少这一部分。这派学说便是"机械论"。德国著名生物学家魏斯曼（A.Weismann，1834—1914）就持这一学说。他认为："细胞如机器一般，分裂时每一部分都分开，一而二，二而四，四而八……在分裂之八细胞时，一细胞即为原细胞的八分之一。譬如机器，则此八分之一正是原来机器之八分之一。他假定一极复杂的结构，以之为一切形体之生生的历程之基础。而此极复杂的结构，即使用最高的视力亦看不见。换言之，是由看不见的至于看得见的。但此后看得见的原在看不见的之中，不过看不见耳。"[②]但是魏斯曼这种学说还存在一些困难，例如对于复原现象就

二　杜里舒在华演讲

————————

① 杜里舒. 生机体之哲学[M]//杜里舒讲演录：第一期. 上海：商务印书馆，1923：3.

② 杜里舒. 生机体之哲学[M]//杜里舒讲演录：第一期. 上海：商务印书馆，1923：4.

很难解释得通，"譬如机器，去其一部分，何能复原"。^①不过魏斯曼的学说在当时还很有势力。

其后儒（W. Roux，1850—1924）想用实验的方法证明魏斯曼的学说。他选用了蛙卵来做实验，并在1888年第一次发表了他的实验结果："蛙卵分裂至两细胞时，用一火烧得很烫的针刺死一细胞。再看其余一细胞的发展，结果竟发生一半胎。"^②这个实验，似乎可以证明魏斯曼的学说了。

儒的实验结果发表三年后，也就是1891年，杜里舒也开始来做试验，试图论证魏斯曼的理论。不过杜里舒所用的实验品不是蛙卵，而是海胆的卵。他先将海胆的卵在分裂至两细胞时放在玻璃管内，然后使劲摇晃玻璃管，使两个细胞中的一个死去，或者使两个细胞分开。然后再用留存下来的那个细胞继续实验，这个细胞继续分裂，但分裂的数目只是两细胞分裂时的一半。例如分裂到原来的16个细胞时，这一次只有8个，其排列形状也只有普通的十六细胞期的一半。试验到这里与儒的实验结果是一样的，但以后就不同了。

大约在15小时之后，细胞的分裂完成了。在第一天晚上，这个"半胎"大约有二百多分子的时候，此半球形的胚胎的边缘稍为弯曲，似乎有成一完全的球形的趋势。第二天早晨，一个完整的细胞圈出现了，又过了一天有了一个完整的"格司屈拉"（Gastrula，即胚囊），不过比普通的小而已。再到后来，就发展成了一个虽然比平常小一半，但是很完整的海胆幼虫。

其后杜里舒还做了更精细的试验。在海胆卵分裂到四细胞期的时候，任取其中的1个细胞（即1/4）或2个细胞（即2/4）或3个细胞

① 杜里舒. 生机体之哲学［M］//杜里舒讲演录：第一期. 上海：商务印书馆，1923：8.
② 杜里舒. 生机体之哲学［M］//杜里舒讲演录：第一期. 上海：商务印书馆，1923：8.

（即3/4）任之发展，都能发展成为一完整的幼虫。在海胆卵分裂到八细胞时取其中的细胞试验，其结果也都能发展成为完整的幼虫。

杜里舒又将海胆卵放在两玻璃片之间，加以压力，扰乱细胞的排列，依照魏斯曼的学说，细胞在被搅乱之后发展结果一定失去常态，但实际上无论怎样，海胆卵仍然会发展成"完全的生机体"①。由此，杜里舒证明"威士曼（魏斯曼）的学说是绝对不可能的事，所谓预先规定之说也似乎不可靠了。"②

杜里舒根据自己对海胆细胞分裂试验的结果，与魏斯曼的学说全然不同。"我试验海胆之卵，任其分裂至两细胞时，去其一细胞，任其发展，仍可得一全胎。即使分裂至四细胞期，无论去其一细胞、两细胞，或竟去其三细胞，其余的三细胞、二细胞、与一细胞均能成一全胎，惟较小耳。至八细胞期与十六细胞期亦如之。不但此也，即将其细胞之秩序搅乱，亦仍可成一全胎。这皆是与威士曼的学说相反的。"③由此杜里舒得出结论："机械论"是不能通的。

那么为什么被去掉一部分的海胆卵会发展成完整的幼虫呢？这是因为"每一细胞都有发展成一生机体之可能。"④每一个细胞都具有发展成一完整生物体的潜力，所以切去一部分细胞，其他细胞也可代行那被切去的细胞的职责。杜里舒把生物学上的这种现象升华为一种哲学理论，提出了他的生机哲学的基本概念。每一细胞都有发展成生机体之可能，他把这种现象称之为"平等可能系统"⑤。他

---

① 杜里舒. 生机体之哲学 [M] // 杜里舒讲演录：第一期. 上海：商务印书馆，1923：11.

② 杜里舒. 生机体之哲学 [M] // 杜里舒讲演录：第一期. 上海：商务印书馆，1923：12.

③ 杜里舒. 生机体之哲学 [M] // 杜里舒讲演录：第一期. 上海：商务印书馆，1923：15.

④ 杜里舒. 生机体之哲学 [M] // 杜里舒讲演录：第一期. 上海：商务印书馆，1923：17.

⑤ 杜里舒. 生机体之哲学 [M] // 杜里舒讲演录：第一期. 上海：商务印书馆，1923：17.

又把这种平等可能系统分为两类：取一细胞逐渐分裂、充分发达，而可以成为一个复杂的生机体，此生机体非常复杂，叫做复杂的平等可能系统；如果从细胞球上切一堆细胞，其中不只一个细胞，然后发展成为一完整的生机体，则可称之为单一的平等可能系统。另外，不止一个细胞，而是多个细胞一起分裂发展，而且各个细胞都相互和协，一起恢复某一部分的损伤，称之为"协和的平等可能系统"①。

演讲中，杜里舒用海鞘的复生现象解释了协和的平等可能系统。海鞘的生物组织很复杂，全体分为两个重要部分，上半为腮，下半为心肠胃等。如果去掉上半体，海鞘依然复生；如果去掉下半体，则腮部（上半体）之变化很特别，开始是一个小白球（细胞圈），然后又成为一个较小的海鞘，不是以前的腮部了。如果先将其上部下部分开，再将上部（即腮部）切而为二。不管如何切法，只要保住海鞘不死，以后都会变成一全体。由此可见，不但海鞘的腮部因各部分之协和的动作可以变成一完全的生物，其他每一部分也可以成一完全的生机体，不过较小而已。这是协和的平等可能系统极好的例证。

环境与生物的发展也是有关系的，如温度太高或太低，都对生物的生长发展有妨碍作用。还有氧气，如果没有氧气，生物就不能生长。海中的生物与海水中的各种元素也很有关系。假如去掉海水中某种元素，生物的生长便要受很大的影响。这也有实验可以证明。钾与肠子的长成很有关系，硫的原质与其形状很有关系。但杜里舒仍强调，外面的刺激与生物的生长很有关系，但又不全是依靠

---

① 杜里舒. 生机体之哲学 [M] //杜里舒讲演录：第一期. 上海：商务印书馆, 1923: 17.

外面的刺激；外面的刺激动力少，内部的力量更大；海胆即使没有外面的形成动力，依旧可以生长出来。

一个胚胎在任意切取一部分后均可成一全胎。"假如是一架极复杂的机器，能割取一部分后都能成一完全的机器么？是必不能。机器的各部分均各有一定，不能随意摆布。"①生物的协和平等可能系统能够在去掉一部分后，仍能发展成以完整个体，而机器不能。杜里舒从反面证明"机械论"不能解释生物胚胎发展现象。有的生物现象可以用物理化学解释，但也有的生物现象是物理化学所不能解释的。协和的平等可能系统，就是物理化学所不能解释的，也绝不是"机械论"可以说明的。

杜里舒认为所进行的胚胎学试验证实了"机械论"不可行，而只有生机主义说才能解释得通。"生机主义是什么，我说便是生命自主（Autonomy of life）。"②那么这种自主的元素是什么呢？他说，亚里士多德是历史上第一个生机主义者，于是就借用亚里士多德用过的一个词，那便是"隐德来希"（Entelethy），希腊字为"ξντξλξχξla"。此词的原意为"本身即为目的（Which bears the end in itself）"，亚里士多德以之表示使潜在的可能性成为现实性的状态。杜里舒则以此表示"是在协和的平等可能系统中为物理化学所不能解释的东西。"③他认为"隐德来希"是生命本身所存在的一种自主的东西，这种东西是不能用物理化学来解释的。

① 杜里舒. 生机体之哲学 [M] //杜里舒讲演录: 第二期. 上海: 商务印书馆, 1923: 27-28.
② 杜里舒. 生机体之哲学 [M] //杜里舒讲演录: 第二期. 上海: 商务印书馆, 1923: 27-28.
③ 杜里舒. 生机体之哲学 [M] //杜里舒讲演录: 第二期. 上海: 商务印书馆, 1923: 28.

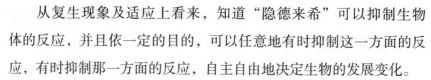

　　从复生现象及适应上看来，知道"隐德来希"可以抑制生物体的反应，并且依一定的目的，可以任意地有时抑制这一方面的反应，有时抑制那一方面的反应，自主自由地决定生物的发展变化。

　　这就是杜里舒反对"机械论"，主张生机主义的第一证。

　　接着，杜里舒从遗传及发生学上给出了第二证。

　　从适应方面看，凡动物都要适应环境，譬如昆虫颜色有的与其所栖息的树枝树叶相同，免为鸟类所啄食；有的有毒汁可以自卫，而那些无毒汁的昆虫为适应环境使其身体颜色与之相同。又如水中之植物与空气中之植物，其司蒸发之纤维就有不同。这些都可以用来证明生活自主说。但如果以环境解释，似乎仍可为"机械论"，而不能确切地证明生活自主。罗和①氏的"机能的适应"也是说器官或纤维之机能因愈用而愈强。因其有此种机能，故愈能适应此种机能。譬如体育家常锻练其筋骨肌肉，故其筋骨肌肉亦愈强。适应就是细胞的适应。这些细胞在平常没有什么专责，遇有新环境则由此等细胞进行应对。

　　关于遗传，杜里舒介绍了孟德尔（G.J.Mendel，1822—1884）的遗传律，孟德尔认为生物有一种独立的性质，如花之红色。美国生物学家实验的结果，说生殖细胞内有所谓的"gens"，就代表了生物独立之性质的单位。细胞的哪一部分是遗传的基础呢？杜里舒偏向于，在遗传上细胞核是极重要的，或者比原生质更重要。进一步分析，遗传的最后一步动力是什么呢？这就是平等可能的复杂系统的起源，复杂系统由一堆细胞发展而成，一堆细胞又是由一个细胞发展而来。一个细胞可以发展成一复杂的生机体。论及到起

---

① 即儒。——笔者注

源，"机械论"是不能解释通的。"那里有这样一架机器能分之又分，分之又分？分到百数次的呢？这还不算，有分之又分，分到百数次还是一全体的机器么？所以生物发生之起原一点，决不能是机器。"①机器不能经多次分裂，而生物是由一细胞分裂发展成一个体的，所以生物的遗传与发生不能由"机械论"解释。

杜里舒再从行为生理学方面提出了第三个证据。

生机体的复杂的动作，一是本能，一是行动。所谓本能，是达于特别的目的的一种特别性质的共同动作。行动是共同的动作，是心理的，以经验、学习与了解为基础。本能是开始便完全了的，行动是因经验而改良的。行动一方面是有意义与了解的，一方面便是记忆与经验。行动有两点要注意，一是本来能行动的功能，一是正在动作的特殊的行动，也可以说是行动的现象，因为有行动的功能，所以受了刺激便能动作。杜里舒认为："行动的特点，第一靠他的历史的基础（History basis of action）。"②他解释说，以前的刺激和事实便是历史的基础。例如同朋友到南京南城去，第一次不认得路，走过一次，下次再走，便不用朋友同行，也认得路了；或者对一只箱子的锁开过一次了，以后也就会开了。这就是历史的基础的表现。有人说机器也是有历史的基础的，譬如留声机，但留声机第一次所播放的与第三十次、第四十次完全是一样的。而人们的行动是分散了，而后又重新结合，人们的行动并不一定要照原来的次序，后来的行动较之第一次是有所变化的，不像机器一样是重复不变的，所以人们的行动从历史的基础方面来讲，是"机械论"无法

①　杜里舒. 生机体之哲学［M］//杜里舒讲演录：第二期. 上海：商务印书馆, 1923: 38.
②　杜里舒. 生机体之哲学［M］//杜里舒讲演录：第二期. 上海：商务印书馆, 1923: 38.

二　杜里舒在华演讲

解释的。

杜里舒又从反应之个性化的关系方面来分析人们行动的非机械性。他举例说，有甲、乙两个朋友，同住英国，两人都能讲德、意、英三国语言。一次甲用德语对乙说："我的父亲病得很重。"乙是甲的好朋友，听了这句话，自然为甲感到很伤心。如果甲是用英国话对乙说"My father is very sick"，乙也会有同样的反应。或者乙说意大利话，也有同样的结果。虽然甲使用了三种语言，其声浪的高低、快慢等各有很大不同，但乙的反应是一样的。而如果甲对乙所说的话改动一个字，甲说："你的父亲病得很重。"只将"我"字改成了"你"字，其他字均不变，从音浪上说不过换了一个字，但乙的反应却大大不同了——伤心欲绝。这就是因为个性的关系，乙的反应是受个人内心个性的支配。行动是从反应而来，反应都是有个性的关系的。"机械论"是解释不了行动的。"因为机械若是一部分不同，全体的机械总不致大相差异。"[1]而行动由于个性的关系，一小部分变了，全体就变了。一小部分的不同，而其反应截然两样。这种小部分的不同能使整体变异的现象，是"机械论"不能解释的。

每个动作都是由反应而来，反应由刺激而来。反应和刺激是有关系的。不同的刺激，能生出不同的反应来，相似的刺激也能有不同的反应。例如，我得到一个不好的消息，得之于友人之口，我心中有一种反应，我从信中看出来又有一种反应。这由视觉所得的反应，与由友人口中所得而做出的反应是不一样的。总之，口传、看信、电报以及其他种种方法，使我们感生出反应的记号及方法，其

---

① 杜里舒.生机体之哲学 [M] //杜里舒讲演录：第二期.上海：商务印书馆, 1923: 45.

情形虽然相同，但感应不同。

动作、刺激、反应，各种生物现象，不只高等动物如人有，其他动物也有，在受刺激之后，能够起反应。例如Stenter（原生动物纤毛类），实验时将它放在有水的玻璃盆中，将虫身放在浅处，再将一种粉洒在虫身上，本来这种虫是平动的，现在却上下动了。这表明粉洒在它身上，它不舒服，于是动起来。继续朝它洒粉，虫身便缩紧而为一个小的圆球体。再洒下去，虫不能再忍耐便逃到深水中去。如果再将这个已经试验过的虫拿来继续实验，只要粉一着它的身体，它便马上逃到深水中去了。可见它对于前一次洒粉是有历史记忆的，"所以在这个机械式的物质之后，我们可以晓得总还有东西潜伏着。"[①]即便是最低等的动物也有记忆似的，它的动作也有历史的基础。反应的历史基础、个性关系，说明行为是不能用"机械论"来解释。

最后，杜里舒解释了关于生机主义的概念。"生机主义在论理学（指逻辑学）上的根本概念便是'全体'（Whole）。"[②]什么是"全体"呢？比如"国家"这个名词，见了这个词我们就晓得"国家"是怎样的一件事，有什么样的含义。如果对"国家"下一定义，便将"国家"的意义破坏掉了——假使去掉其中一部分，全体便破坏了，不再是全体。生机主义就是全体，我们说到生机主义就是其全体，不必再下一定义。"全体"是只能感觉的，是不能下定义的，"全体"就是"全体"。"全体"有几个标准："第一是特定的配合，有无数次的表现。"[③]例如人、狗，我们看见其全体无数

---

① 杜里舒. 生机体之哲学［M］//杜里舒讲演录：第二期. 上海：商务印书馆, 1923: 48.

② 杜里舒. 生机体之哲学［M］//杜里舒讲演录：第三期. 上海：商务印书馆, 1923: 68.

③ 杜里舒. 生机体之哲学［M］//杜里舒讲演录：第三期. 上海：商务印书馆, 1923: 69.

次了，便可以知道它是"全体"，而喜马拉雅山虽有特定的配合，但在世界上只有一座，那就不能确定喜马拉雅山是否为全体。"第二是自有调节之力。"[1]胎生学中拿去了胎中细胞之一部分，仍能成为一个完全的幼胎，这就是因为其自身有调节能力，复生也是此理。"第三是传种之关系，假如生出来的，总和所生出来的原来一般，那末，可以得到全体概念。"[2]人生小孩，狗生小狗，小孩和人，小狗和狗，都是相同的，可以说是"全体"。如果合于这三个标准，那么就是"全体"，就属于生机主义。

此外，全体不可与总和相混。"全体"不是总和，全体是进化的，总和是堆积的。单个生机体的变化起于内部原因，而不是起于外部原因；是向全体的，而不是总和的；是非机器的进化，而不是堆积。物种之由来是进化的或者是堆积的呢？杜里舒反对达尔文与拉马克（J.B. Lamarck，1744—1829）的学说。达尔文不能解释生物的器官一生出来便要应用，如果是一点一段长成，那么在长成之前就不能应用，这不符合于事实。生物的每一器官都极复杂，都与全体有关系，说这是机会导致，是说不通的。人的手足耳目，都是成对的，还有复生现象，也是达尔文解释不了的。拉马克认为生物内部有一种活动，例如有一种变化——自己以为有用便传给子孙，但是"变化性质"是不遗传的。达尔文、拉马克两派都"以生物界的总和为基础，而不是以全体为基础。"[3]

人类历史是生机主义的吗？杜里舒承认历史有超个人的符号。第一，人类有文字语言，可以相互影响，表明彼此之间有相同之

① 杜里舒. 生机体之哲学 [M] //杜里舒讲演录：第三期. 上海：商务印书馆，1923: 70.

② 杜里舒. 生机体之哲学 [M] //杜里舒讲演录：第三期. 上海：商务印书馆，1923: 70.

③ 杜里舒. 生机体之哲学 [M] //杜里舒讲演录：第三期. 上海：商务印书馆，1923: 75.

点。第二，人类历史中有时同时有许多新发明，而两个发明家并不在一处，可见人类中原本有相同之点存在。第三是道德心，这也是全体的，一定是自己已经承认是全体的一分子，所以他的行为要求符合于全体。道德可以分两层来说，一是爱怜心，二是义务心。但是，因为种族史与人类历史只有一例，无可比较，并且其始点终点还不可知，所以也还不能解决其是否会进化的问题。

杜里舒补充说，从"智识线"上看，人类历史是进化的，"智识线"是人类历史的目的。他认为只要有发见的，就能担负起进化的责任。不论是理智方面，还是道德方面，只要有所发见，便是发见人类进化之方向，如伽利略（G.Galilei，1564—1642）等，他们是在道德上或者知识上有发见的。有智识线，就可以说人类历史是进化的，这便是历史的目的。政治史是不太重要的。"智识线"上的美术、科学、道德，都是进化之路，是很重要的。

杜里舒用实验生物学的方法对生机论给出了三大证据，这在生机论发展史上可以说是最有力的证据，也是杜里舒对生机论的最大贡献。他认为，"机械论"不能解释这几种现象，生物内部有其自主性，所以生物有生物的特别因果律，支配这种因果律的就是超时空的"隐德来希"。

自然界一方是物质，一方是"隐德来希"，相互有关系。"隐德来希"可以与意识并行，但物质不能与心并行。"隐德来希"是如何影响到物质的呢？一般学者有三种解释。一是"有生之物质说"，此说认为物质是有生命的，杜里舒表示不赞同。因为生命与物质不同，物质是有量的，可以度量的。生命是不可以度量的，生命与量无关，不会有生的物质。生命和物质是两件事，不能相混。二是"有生之能力说"，力是可以变化的，可以度量的，可以用单位表示。可以度量的才能说是力，不能度量的不能说是力。从细胞成胎，究竟要用多少力，这是无法计算的。所以这种学说对生物现象是解释不通的。三是"有生活动之创造能力说"，此学说认为"隐德来希"本身不是力。但能创造能力，如果此学说能成立，那么能力不灭之定律就被破坏了。

杜里舒反对这三派学说。他认为"隐德来希"对生机体发生作用，就像自然界中的现象一样。在自然界，运动发生的普通条件就是要有不平衡的强度存在，如果两个不等的势力互相作用，那势力大的就会运动，从不平衡状态达于平衡状态。例如此处的水温为5度，另一处为30度，两者相融合，其温度就会归于平衡。其他如热学电学中之种种变化，都是从不平均达于平均。"隐德来希"就起这样的作用。"隐德来希"可以约束细胞之发展。"隐德来希"不能创造任何不同的强度，但能约束生机体中的强度。假如有几个强弱力存在的时候，"隐德来希"把它补充或调和；有时收回应起的动作；有时又放任它们去动作。

什么是"隐德来希"呢？"隐德来希"是"有机的行历，本身是复杂体"。[①]复杂有两种，一是外延的复杂，是占空间的；其不占空间的，如人的心则是内包的复杂。心不是"隐德来希"，但可以比喻。心是能知的，能有意志的。如果用比喻的方法，"隐德来希"是能知的、有意欲的。"隐德来希"的意欲就是要机体构成，其构成之路是其知道的。"隐德来希"是第一次的，是初式的。有机体的行历是有目的的。它是能知的，有意欲的，它的意欲是"要

---

① 杜里舒. 生机体之哲学 [M] //杜里舒讲演录: 第三期. 上海: 商务印书馆, 1923: 67.

机体构成"，也就是要使生物成为一完整的有机体。①它无赖于经验，而本来就存在，并且它有目的性，而且是有动的目的性，即"向一个目的进行，同时又有变化在内。"②其实"隐德来希"就是生物内部决定生物发展变化的一个动力，并且不可度量，不受外界影响，自由释放，自主自律，使生物达于完整有机体。

总之，"隐德来希"是杜里舒通过生物学试验并从亚里士多德学说中借用的一个概念。"隐德来希"究竟是什么？杜里舒自己也无法给它下一个准确的定义，说它是"物理化学所不能解释的东西"③，是"有机的行历"，属于有机体的一种能力④；是"初式的"，先天就有的。⑤生物体内部具有不受外界影响的一种动力，这种动力可以自由决定生物的历程，使生物体更自主、并趋向于一完全的有机体。

杜里舒还不能给"隐德来希"下一个确切的定义，不能准确说明它，这个定义也还不脱离不了"臆说"的窠臼，但是在杜里舒的学说中，还能自圆其说。在当时，人们对生物现象还不能科学地解释，有关"隐德来希"的生机主义学说较之"机械论"还是有一定进步意义的。

① 杜里舒. 生机体之哲学 [M] //杜里舒讲演录: 第三期. 上海: 商务印书馆, 1923: 67.
② 杜里舒. 生机体之哲学 [M] //杜里舒讲演录: 第三期. 上海: 商务印书馆, 1923: 68.
③ 杜里舒. 生机体之哲学 [M] //杜里舒讲演录: 第二期. 上海: 商务印书馆, 1923: 28.
④ 杜里舒. 生机体之哲学 [M] //杜里舒讲演录: 第三期. 上海: 商务印书馆, 1923: 67.
⑤ 杜里舒. 生机体之哲学 [M] //杜里舒讲演录: 第三期. 上海: 商务印书馆, 1923: 67.

2.《系统哲学》

在《系统哲学》的讲演中，杜里舒先论述了其哲学的发端论，然后从其发端论出发，阐述了其秩序论。

关于"哲学的发端处"，杜里舒以"我"与"物"的关系作为论述的起点与根基。"我体验某物""我知某物"或"我自觉的有某物"，将此三语作为无可疑义的原理。[①]"我自觉的有某物"是其它事物关系的前提，先有了"我自觉的有"，其它事实关系才能成立。他说这与笛卡尔的"我思故我存"不一样，笛卡尔谓只能由"我思之中"才能推定"我之存在"，他的"我有"则是单独存在的。[②]并且他界定，只谈"我与物之关系"，而对于"我之为何"暂时不涉及。

"我自觉的有某物"是表示"我"与"物"的原始事物的关

---

① 杜里舒. 系统哲学[M]//杜里舒讲演录：第五期. 上海：商务印书馆, 1923: 3-4.
② 杜里舒. 系统哲学[M]//杜里舒讲演录：第五期. 上海：商务印书馆, 1923: 4.

系。就像欧洲宗教中所言"上帝、帝子、耶稣三者曰三位一体"，"我也""有也""某物也"三者也是三位一体的，是一种不用分析的原始关系。[①]"我也、有也、某物也三者不容分离，一旦分离，便无意义，故可名曰原始的事实关系也。"[②]杜里舒把"我自觉的有某物"作为无需解释论述的、无可怀疑的原始关系。

他解释道："物者"并不仅限于具体之物，其它的如"意义""异同""左右""椭圆""狗""狗之概念"等都是属于"某物"，只要在"我直接的体验中"，就属于"物"。[③]所谓"知者"，也无定义可言，"知"与"不知"只有人能自知，所以说"知能自知"。所谓"我者"，不是肉体，也不是记忆，是"有而非所有者"，是"有"的主体，而不是"所有者"。

"某物"并不是"单式的（Einformig）"（"譬如仅为红或仅为声"），也不是"混乱无纪"的。"譬之指粉笔言之，粉笔在桌上，是为上下之关系"，"粉笔与桌为二物，是为异同之意义"，粉笔与桌子或与其它事物都有一定关系，是"有序之一物"[④]。正因为物是有序的，所以可以将"我自觉的有某物"改为"我自觉的有有序的某物"，对于"序"字，他认为极难解释，只要知道"所谓彼此也、异同也、上下也，皆序中之义其可也。"[⑤]而"哲学之职司"也在于"求秩序意义或曰秩序符号而已"，秩序论就是"关于

① 杜里舒. 系统哲学 [M] //杜里舒讲演录: 第五期. 上海: 商务印书馆, 1923: 4.
② 杜里舒. 系统哲学 [M] //杜里舒讲演录: 第五期. 上海: 商务印书馆, 1923: 4.
③ 杜里舒. 系统哲学 [M] //杜里舒讲演录: 第五期. 上海: 商务印书馆, 1923: 4-5.
④ 杜里舒. 系统哲学 [M] //杜里舒讲演录: 第五期. 上海: 商务印书馆, 1923: 6.
⑤ 杜里舒. 系统哲学 [M] //杜里舒讲演录: 第五期. 上海: 商务印书馆, 1923: 6.

秩序意义之理论"①。

他补充说："求秩序之意义，是为哲学第一部分，而此意义，限于我之有序之某物上求之，故所谓绝对也，实在也，暂置不论。"②把秩序论限于在"我之有序之某物上"的范围内，而对绝对、实在等概念暂时不予考虑。他把这称作"我知主义"，"而今兹所研究者，则在我有某物之范围内，以研究某物上之秩序构造而已，此种方法曰方法的我知主义（Methodischen solipsismus）"。③"我知主义"把研究的"某物"当作"我之某物"，"世界"当作"我之世界"，一切都从"我"出发，当然这是为了研究的方便而采取的一种方法，他知道"所谓某物，非仅为我之某物也，世界者，非仅为我之世界也"，反对"以某物仅为我之某物，世界仅为我之世界"的武断派。④

他认为，要求得秩序论是没有任何途径的，"内省者，秩序论根本观念发见之惟一方法也"。⑤只有通过自身的内省与体验方可求得秩序论。

他假想，如果物物都有一定秩序，"不仅无一物之无序，且物物各得其一定之秩序上之位置"，宇宙间万物真的都有一定秩序，这只是一种理想，他称之为"秩序一元主义之理想"，当然这种理想是难以实现的，"所谓物物者，既非混乱无纪，又非一切有序。"⑥所

---

① 杜里舒. 系统哲学 [M] // 杜里舒讲演录：第五期. 上海：商务印书馆, 1923: 6.

② 杜里舒. 系统哲学 [M] // 杜里舒讲演录：第五期. 上海：商务印书馆, 1923: 7.

③ 杜里舒. 系统哲学 [M] // 杜里舒讲演录：第五期. 上海：商务印书馆, 1923: 10.

④ 杜里舒. 系统哲学 [M] // 杜里舒讲演录：第五期. 上海：商务印书馆, 1923: 11.

⑤ 杜里舒. 系统哲学 [M] // 杜里舒讲演录：第五期. 上海：商务印书馆, 1923: 12.

⑥ 杜里舒. 系统哲学 [M] // 杜里舒讲演录：第五期. 上海：商务印书馆, 1923: 14–15.

以只能舍弃这种秩序一元主义理想，而只可求一部分的秩序。

杜里舒把秩序论分为一般秩序论、自然界秩序论和灵魂秩序论。

（1）一般秩序论

一般秩序论是研究对象的特性，从对象的秩序符号来求相互的秩序，即"在直接所对上求得其秩序符号而已"，其"直接所对"就是"我自觉的所有者"，是我"觉得有"的事物，不是普通意义上的自然，是成意识内容的事物。①所谓"秩序符号"就是在人们的观念中已经存在的、无须解释、不可分析的秩序的原始符号。人们的意识内容中就有许多不可分析的秩序记号，例如"有""在""多少""此""非""关系"等，这些是人不能直接触觉到的，还有"绿""红""热""酸"等是可以为人所触觉到的符号。不管人是否能触觉到，这些都是秩序的记号。逻辑学、数学包括多数的秩序记号，这两种科学就是建立于一般秩序论之上的。

对于一般秩序论，杜里舒将其划分为三类。

"（一）、不可分析之原始意义，如、此、非、如此、多少、关系、色之红白、味之甘苦、及终效、了讫、及存在界之符号是也"，并且"原始意义只能在直观中求之，而无定义可言。"②"不可分析之原始意义"指的是一些不可分析的、已经存在的符号。例如对于某物，曰"此"，则是有所特指之谓，表明这物为"此"，而不是别物，这其中已经有了一种判断，这物是"我自觉的所有者"中分辨出来的"此"，已与他物有了不同。这个

---

① 杜里舒. 系统哲学 [M]//杜里舒讲演录：第五期. 上海：商务印书馆, 1923：16.

② 杜里舒. 系统哲学 [M]//杜里舒讲演录：第七期. 上海：商务印书馆, 1923：53.

"此"是不可分析的，但是是有意义的，能表明一般秩序。另外，对于"原始意义"的秩序要通过直观的方法来求得。

"（二）、有序的复合体。在直观中得来者，如所谓系列、数系中+1之意义、'因为'之意义、几何学上之自明理。"①这种秩序不是单一的，而是存在于有序的复合体中，这种复合体可以通过直观取得。例如其中的"几何学上之自明理"，也就是几何学中无须证明的公理，如"两点之间，其直线为最短之线"，在这里，两个点以及直线间存在着复合的关系，但是人们通过直观体验仍可求得它们之间的秩序，能够直观感受到直线是两点间最短的直线。②

"（三）、复合体之本于推论而来者，如三段论式、算术、及几何学中种种原则。"③这一种秩序是从（一）或（二）推论而来的，像"'+1'+'+1'"，由（二）的数系中"+1"之意义，可以得出其算术结果为"+2"。虽然这类秩序是从推论而来，但杜里舒认为："此等结论之为先天的综合的判断则自若焉"，这种推论式的秩序仍属于先天的综合判断，而不是后天要通过复杂的分析才能得来的结果。

（2）自然界的秩序论

关于自然界的秩序，杜里舒先给自然界下了一个概念："自然界者，根据直接的所有之内容，而以意推定之间接所对之全体也，此间接所对之自身以内，有时变时恒之性，且表示一种若自独立之态度。"④自然界，也就是根据我们意识中的关于某物的内容，而能

---

① 杜里舒. 系统哲学 [M] //杜里舒讲演录：第七期. 上海：商务印书馆, 1923: 53.

② 杜里舒. 系统哲学 [M] //杜里舒讲演录：第七期. 上海：商务印书馆, 1923: 52.

③ 杜里舒. 系统哲学 [M] //杜里舒讲演录：第七期. 上海：商务印书馆, 1923: 53.

④ 杜里舒. 系统哲学 [M] //杜里舒讲演录：第八期. 上海：商务印书馆, 1923: 61.

够推定其全体的概念，并且此物在连续时间内既能保持原形，又能有所变化，所见所触的此物还与我们平日经验中的此物是一致的。

自然秩序主要有四种形式。

"（a）单独因果（einzelheits kausalitat），某物之变化，视之为果，而此种变化，可分析若干种零星变化，如力学之所谓运动，甲变之前，其在空间，有某变为之先，乙变之前，其在空间，亦有某变为之先，此种按一事求一事之因之法，吾人名之曰单独因果。"[①]这种以前一事为因，后一事为果的机械的因果关系，称之为单独因果。物理化学上的势力法则等，多属于此类。

"（b）全体因果（gauzheits kausalitat）。某物上起某种变化，其变化虽可分析为若干部分，然物之自身与夫空间内之变化，无一事可认为充分理由者，譬之以元素若干种乃长成为全体，此全体既非空间所能造成，而又不能无因而至，吾人为保持此因果关系之格式，惟有求一动因所以使之成为全体者，其为物焉，非耳目所接触，非空间所存在，然其有此物在，则的然无疑，是名全体性之变化"。[②]某物内部的动因使得某物从一部分长成为全体，这种动因确实存在，但非人所能接触到，也不存在于空间，而存在于某物内部，这种动因就是所谓全体因果律。

"（c）"变之创造（veränderungs schöpfung）。有某物焉，在乙时以前，常在固定状态中，自乙时以后，忽起变化，而变化云者，绝不自外来，吾人为保持因果格式计，曰是必有变之创造之动因在，此第三式之因果，在自然界中尚未现实，然研究心理学者，

---

① 杜里舒. 系统哲学 [M] //杜里舒讲演录：第八期. 上海：商务印书馆, 1923: 81.

② 杜里舒. 系统哲学 [M] //杜里舒讲演录：第八期. 上海：商务印书馆, 1923: 81-82.

谓心能左右，盖以心为造变之全体也。"①这种不是由外因造成变化而出现的因果关系，称为变之创造因果律。

"（d）物之创造（dings chöpfung）。某物之物质（materie）忽而增加，而此物质增加之因，决不自外起，吾人为保持因果格式计，名之曰物之创造。"②这种不是由外力而造成物质增加的因果关系，称之为物之创造因果律。

杜里舒认为这四类因果关系中，第一类"实现于非生界"，运动或力学、物理、化学等现象都属于这一类因果关系，都由一因导致一果。③第二类"实现于生机界"，生机体的发展变化其动因来自于"隐德来希"，这一类关系属于全体因果关系。④第三类、第四类"在理论上为可能而从未显于事实"，这两类因果关系在理论上行得通，而还未发现这样的事实。⑤

在自然秩序中尚有几种对象不能算作全体因果律，例如"国家""人类""种史"等等，那么它们应属于什么类别呢？"国家""人类"是属于进化还是属于积累的结果，还不清楚，所以也不能断定它们究竟属于哪一种因果律；而对于"历史"，因为我们自己就处于历史中间，"历史之最终目的安在，为吾人所不可知。"⑥我们不知道历史将走向何处，而且历史只有一例，没有其他的与之比较。因而也无法判断历史是否属于全体因果律。

---

① 杜里舒. 系统哲学 [M] //杜里舒讲演录：第八期. 上海：商务印书馆, 1923：82.

② 杜里舒. 系统哲学 [M] //杜里舒讲演录：第八期. 上海：商务印书馆, 1923：82.

③ 杜里舒. 系统哲学 [M] //杜里舒讲演录：第八期. 上海：商务印书馆, 1923：82.

④ 杜里舒. 系统哲学 [M] //杜里舒讲演录：第八期. 上海：商务印书馆, 1923：82.

⑤ 杜里舒. 系统哲学 [M] //杜里舒讲演录：第八期. 上海：商务印书馆, 1923：82.

⑥ 杜里舒. 系统哲学 [M] //杜里舒讲演录：第九期. 上海：商务印书馆, 1923：142.

（3）灵魂秩序论

灵魂秩序论是基于对"我"的概念。杜里舒认为"我"有三种：属于自然的对象，存在于意识内容中，称之为"自己"。"自己"之外，"我"的潜意识仍然保持不失，称"灵魂"。超过这两种的"我"，而永远无时间限制的，就是真正的"我"。"自己"属于自然界秩序论范围，"灵魂"属于灵魂秩序论范围，而真正的"我"属于一般秩序论。

杜里舒运用当时的心理学思想来研究灵魂秩序，认为属于记忆的主体为"自己"，而记忆之外的下意识，此全部之全体，就是灵魂。

对于灵魂秩序论，杜里舒在此篇演讲中没有进行详细论述。

3.《形上学》

　　杜里舒从"我知主义"出发，建立了秩序论的哲学系统。秩序论解释了自然界"其所以然之故"，但是对于自然界从何而来、自然界的概念怎么被指定以及一般秩序论符号如"不""如此""关系"等如何先天的在体验中发生作用，"则尚为未解决之问题"。①可以说，秩序论就本来如此之心物或原始意义而进行了研究，对于为什么会这样，秩序论没有加以解释，所以杜里舒从秩序论转而进入形而上学。

　　形而上学专求万物的绝对性。杜里舒在秩序论中本来认为绝对性是不能知道的。但是在研究形而上学时，他转变了态度。他论述道，从哲学而导入形上学，有三种事实可以说明不能否认绝对性。第一是道德，道德的观念和现象相对立，所以不能算是对于我们的一种现象，并且道德具有独立的性质，所以它是具有绝对性的。第

① 杜里舒.形上学[M]//杜里舒讲演录:第十期.上海:商务印书馆,1923:1.

二是物象，我们意识上恒久的不只是在意识上，物象自身也有恒久的表示，所以物象也是有恒久的存在。第三为灵魂，我们除意识的"我"之外，常有一种超意识的主体，即为灵魂，灵魂也是有绝对性的。

杜里舒的形上学，要研究物的绝对性，但其所谓绝对者，仍不出臆说的范围，所以其形上学的对象，一方面为单独的自然，同时又为意识上的自然。因而其形上学理论的根据也是从"我知"出发，是关于自然的"我知"学说。

"我知"的范围有限，而事物的"实在"无穷，怎样去凭"我知"而求得实在呢？杜里舒采取了以经验界为果，以实在为因，由果推因的归纳方法，即所谓"实在者因也，经验者果也，本此因果之关系，于是有形上学之方法"。[①]这种归纳方法有时难以确定，因为由经验界的一个结果只能推论出实在界中的一个原因，而实在界中可以作为原因的有很多，所推论出来的那个原因并不一定就是唯一的原因。但是在逻辑学上有一原则，即"果之繁复程度不能超于因之繁复程度之上，故实在之繁复程度，不能劣于现象之繁复程度"。[②]也就是说，实在的复杂程度必须大于现象的复杂程度。如果能够不违背这个形式逻辑学的原则，则从"我知"求"实在"是可行的。

另外，还要遵守"出发点之完全"的原则，即形上学以经验为出发点，而所谓经验包括"我自觉的有某物"中的"自觉之我，主体也""有""某物，客体也"这三位一体。[③]形上学还应从这三方

---

① 杜里舒.形上学 [M] //杜里舒讲演录：第十期.上海：商务印书馆，1923：3.

② 杜里舒.形上学 [M] //杜里舒讲演录：第十期.上海：商务印书馆，1923：4.

③ 杜里舒.形上学 [M] //杜里舒讲演录：第十期.上海：商务印书馆，1923：4.

面出发。

但是，通过这种以果推因的方法，只能说有"实在"存在，但很难明白确切的"实在"到底是什么。例如"空间"，它有多种，"自然界之空间，有种种之空间形式，种种之空间运动，种种之空间位置……。""空间"有极复杂的程度，采取以果推因的方法，虽然可以知道在实在界也肯定有一种复杂的关系系统与它对应，但是这种复杂的关系到底是什么样，现在尚不能确定。例如生物学上关于空间的见解，在生物现象中就其结果来看，生物都是占有一定空间的，但是"就其原因论之，则非空间的"[①]。例如"隐德来希"就是不占有一定空间的，所以实在界并非全部都会表现在现象界，我们所能看见的宇宙只不过是宇宙的一部分而已。

对于时间的形上，他认为："经验界之事物，因时间之故，而繁复程度从而增进。"[②]由"因之繁复程度不劣于果之原则"可知，实在界的繁复不下于经验现象界，在现象界内表现出的时间之异同，"亦即为实在界异同之表示"[③]，但是对于"时间背后之实在为何"[④]，他仍然表示无法确定。

关于因果的形上，"因果者两事之先后关系，在前者曰因，在后者曰果"，[⑤]因果在时间范围内为特别一物，与普通的先后者不相同。因果也像时间一样，现象界的因果必定表示实在界的一种关系，这种关系与时间背后的本体为同类。但同样对这个时间背后的

---

① 杜里舒. 形上学 [M] // 杜里舒讲演录：第十期. 上海：商务印书馆, 1923: 9.

② 杜里舒. 形上学 [M] // 杜里舒讲演录：第十期. 上海：商务印书馆, 1923: 10

③ 杜里舒. 形上学 [M] // 杜里舒讲演录：第十期. 上海：商务印书馆, 1923: 10

④ 杜里舒. 形上学 [M] // 杜里舒讲演录：第十期. 上海：商务印书馆, 1923: 10

⑤ 杜里舒. 形上学 [M] // 杜里舒讲演录：第十期. 上海：商务印书馆, 1923: 11.

本体具体是什么，是不知道的。

正因为这种"由果推因"的方法所得结论的极不确定，于是杜里舒进入第二种形而上学的方法，这种方法就是从"时间"进入"非时间"。

生是物之始，死是物之终。这个始终是以时间为标准的。生物的生后与死前，是有始有终的时间。那么生前与死后呢，则为不知所始、不知所终之时间，称之为"非时间"。生物的生是自非时间开始的，生物的死最终也归于非时间。

那么新的形而上学就是超越于时间，而扩展到非时间状态。第一种形上学方法是"由果推因，由经验以达于本体者也，是为由下及上"。①而新的形上学方法是"由非时间而入于时间，继则又出时间而入于非时间，是为向前"。②

进入"非时间"界，则一切现象就不受时间界的制约。生物的生前死后能够超出于时间的制限，死者其实就是出时间而再入于非时间。那么人生之前或者人死之后在非时间界，是保留其个体还是归于一本体呢？他认为："盈千累万之生物，其来也，出诸惟一之超个体的状态，故实在之本体本一，因生物之化生，则本一者化而为万。"③虽然有成千上万种生物，但是实在之本体只有一个，只有一"超个体的全体"，那么这一"超个体的全体"是什么呢？这也是形上学之最后问题。杜里舒将之归结为"上帝"或曰"最真最后之本质（substantia）。"④杜里舒所谓的"上帝"有一定的含

① 杜里舒. 形上学［M］//杜里舒讲演录: 第十期. 上海: 商务印书馆, 1923: 33.

② 杜里舒. 形上学［M］//杜里舒讲演录: 第十期. 上海: 商务印书馆, 1923: 33.

③ 杜里舒. 形上学［M］//杜里舒讲演录: 第十期. 上海: 商务印书馆, 1923: 36

④ 杜里舒. 形上学［M］//杜里舒讲演录: 第十期. 上海: 商务印书馆, 1923: 37.

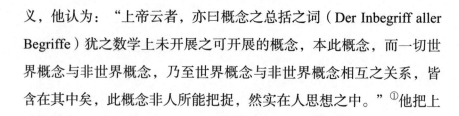

义，他认为："上帝云者，亦曰概念之总括之词（Der Inbegriff aller Begriffe）犹之数学上未开展之可开展的概念，本此概念，而一切世界概念与非世界概念，乃至世界概念与非世界概念相互之关系，皆含在其中矣，此概念非人所能把捉，然实在人思想之中。"①他把上帝看作一个概念的总括，一切可能性都包括在此概念中。

关于上帝有二说："一曰上帝有其固有之本体，故上帝为最高之隐德来希，而世间现象皆由之以出，是为一神论""第二曰上帝无固有之本体，本体即在变迁之中，是为泛神论。"②一神论认为上帝有本体，创造了世界上一切。由一神论可以推定宇宙一切现象。泛神论认为上帝也没有固定的本体，也处于不停的变化之中，兼过去、现在、未来三界，柏格森即采取此说。依泛神论，由于上帝也在不断变化中，所以宇宙现象也不能测定。

形而上学的概念本来也应当有表现在经验上的可能性，但我们目前的经验（即我们的知识）与智识有限，不能懂得超个人的进化，更有许多问题不明白，如"曰此宇宙出于上帝之创造，则创造自何时始，一也。若以人类为自由，则上帝全知全能之性，受其影响，以二者不相容故也，二也。……"③所以对于泛神论和一神论的问题，杜里舒认为只可依人的信仰，不能做是非的结论。他对上帝的存在也即对最终的实在是什么持一种不明确的态度。

① 杜里舒. 形上学 [M] // 杜里舒讲演录：第十期. 上海：商务印书馆，1923：37–38.

② 杜里舒. 形上学 [M] // 杜里舒讲演录：第十期. 上海：商务印书馆，1923：37–38.

③ 杜里舒. 形上学 [M] // 杜里舒讲演录：第十期. 上海：商务印书馆，1923：42.

4.《达尔文学说之批评》

《达尔文学说之批评》是杜里舒在武昌中华大学所做的一次短篇演讲,其中他以新的生物学理论和生机主义哲学思想批评了达尔文学说。

杜里舒认为物种相传说与达尔文的进化论是不同的。他肯定物种是变化的,即承认物种相传说,但反对达尔文的进化论。

然后他介绍了当时解释物种由来的两种学说。一种认为物种之由来就像由卵发展成生机体一样,一对父母所生的子女彼此有不同,但鸡卵生出的总是鸡,鸭卵生出的总是鸭,此种胚胎现象在"隐然之间,若有为之主者"[①]。这是第一种学说——"由细胞而成完具之生机体",称为"进化"。第二种学说主张物种的变化是由于环境影响了器官,即器官的变化都是源于外界的偶然因素,此

① 杜里舒. 达尔文学说之批评 [M] //杜里舒讲演录: 第三期. 上海: 商务印书馆, 1923: 1.

说称为"积叠"。生物学上的一个重大问题就是进化论与积叠论的争执。从个体生物学来看，由细胞长成生机体，有一个非机械的动因，也就是"隐德来希"。个体生物可以用实验证明，而物种全部的变迁，关于物种是否同向一全体、各物种之上，是否还有一个超人的动因所在，很难有凭证。很多生物学家往往认为个体生物学与物种全体变迁的问题已经解决，其实此问题的真相还是没有明确。

历史哲学也有进化论与积叠论之争。进化论认为历史之进化，有目的在，各部分即使分开，也同时趋向一全体。积叠论则认为今天的现象与明天的现象是前后重叠的，就像泥沙堆积一样。认为历史有公例可求的历史学家如兰泊勒[①]、施本格勒（O.Spengler），都属于积叠论者。他们同意用进化论解释个体生物，但对于物种的全部是否进化，难以断言。历史的发展是否不断向于全体性，也难以断言。

世人认为达尔文是进化论者，实际上达尔文学说就属于"积叠"论一类。但杜里舒指出，达尔文学说与达尔文主义其名虽同，但实际上有很大不同——达尔文主义承继达尔文学说却变本加厉。达尔文在《物种由来》一书中说，我们不知道生命从何而来，我们也不知道生命之源是否由上帝造一细胞或多数细胞，对于物种如何变迁更不能断定。可见达尔文是非物质主义者，其后效法达尔文学说的，都趋于"机械论"一派如魏斯曼。他对达尔文学说的某些地方持肯定态度，但对达尔文主义是完全批评的。

他表示自己的立脚点是生机主义，"即以全体性说明生生之理者也"，这与达尔文是不相容的。[②]但在这次演讲中，他表示并不必

---

① 即拉姆普雷希特（K. Lamprecht, 1846—1915）。——笔者注

② 杜里舒. 达尔文学说之批评 [M] //杜里舒讲演录：第三期. 上海：商务印书馆，1923：3.

用生机主义来反驳，只是就达尔文所说加以驳斥。

他总结达尔文学说的要义有四点：其一为"竞争生存"，其二为"自然选择"，其三为"微变之积累"，其四为"其微变之宜者，由甲代传诸乙代"。[①]这正抓住了达尔文学说的支柱，然后他从自然选择与微变遗传说两方面来批驳了达尔文学说。

从自然选择方面来说，达尔文认为生物在抵抗环境过程中的胜利者即为自然之所选择，并且自然选择是无尽期的。他反驳：可以用自然选择来解释因生存竞争而失败者，但自然选择不能说明因生存竞争而胜利者。他认为，生物能够从竞争中而继续生存，"别有创造之动因（Der Schaffende Faktor），而不得以自然选择四字了之。"[②]达尔文用"自然选择"来解释生物的存在和灭亡，是以"所以不存在之理由，而即视为所以存在之理由，是以消极与积极混为一谈也。"[③]他举例说，孟勋大学植物学教授奈格里（Nägeli）曾经论证：如果问街上的树的树叶为什么少了，可以回答说因为花匠将之剪去了；如果问树上何以有树叶，回答说因为花匠没有将树叶剪去，那么就不成立，因为"剪裁后之所存留者，则自有其所以存在之理，非花匠未剪裁云云所能说明也。"[④]达尔文以自然选择作为新物种发生的理由，就像以花匠未剪作为树叶存在的理由，这是解释

---

① 杜里舒. 达尔文学说之批评［M］//杜里舒讲演录：第三期. 上海：商务印书馆，1923：4.

② 杜里舒. 达尔文学说之批评［M］//杜里舒讲演录：第三期. 上海：商务印书馆，1923：4.

③ 杜里舒. 达尔文学说之批评［M］//杜里舒讲演录：第三期. 上海：商务印书馆，1923：4.

④ 杜里舒. 达尔文学说之批评［M］//杜里舒讲演录：第三期. 上海：商务印书馆，1923：5.

不通的。

另外，他还举例说，物种的生与灭有时与生理的健康无关，而与其所在位置有关。如火车相撞时，幸存者并非身体健壮的人，而是离冲突点较远的人。在疾疫之中而能生存者也并非健康之人，而是离疫地较远之人。

由此，杜里舒得出结论，不能否认自然选择之效果。但是不能以自然选择概括物种的由来，新物种的由来另有别的原因存在。

从第二方面即微变遗传上来分析，他首先应用了丹麦生物学家约翰逊（W.L.Johanssen）的学说以反驳之。原来的植物学家用杂种植物做试验，其叶的数目到下一代时会增加，不能维持原来叶的平均数，而且这种叶的数目的增加会一代一代遗传下去，达尔文称此现象为"流动变化"①。而约翰逊用纯种植物做试验，则为相反结果，变异并不会持续下去。由此证明纯种的流动变化并不遗传。

另外，达尔文主义者认为生物的变化无目的、无方向。杜里舒反驳说，器官与动物的生死存亡有密切关系。如果生物器官的构成纯属偶然，那么就不能解释器官为什么能完整而适用；耳朵与听神经有关，眼睛与视神经相关，也不能解释器官为什么以复杂分子组织而成，而彼此又有相关之处并自成一系；还不能解释人的耳目手足为什么能成双成对。

达尔文学说也不能解释动物有复生能力之现象。就像火蛇②之类，去掉它的前脚，前脚会复生，去掉它的后脚，后脚会复生；蚯蚓去掉头，头会复生，去掉尾，尾会复生。这种复生能力，达尔文

---

① 杜里舒.达尔文学说之批评[M]//杜里舒讲演录：第三期.上海：商务印书馆，1923：6.

② 即火蜥蜴，下同。——笔者注

学说认为是出于父母的遗传。如果是父母遗传的，那么其父母也都遭遇过去头尾去脚之祸，凡生存下来的火蛇或蚯蚓都会丧失头尾或脚，这是达尔文学说必将导致的奇论。

杜里舒总结了达尔文学说的内容："一、自然选择，非积极的动因。二、流动的变化非遗传的。三、流动的变化，不能说明器官特异之来源。"[①]

杜里舒对于拉马克派的学说也持反对态度。拉马克的学说有三个要点：器官的不同，是由于生理需要的不同；偶然的殊异，由自动的努力进行保留；物种的性质，各代继承。拉马克派与达尔文派有相同点，都是"以偶值为基础，"都认为"生物之所以成为全体，起于偶然。"[②]因此两派都不能说明器官的来源、各器官的关系、复生现象。

最后杜里舒表明，他虽然反对达尔文与拉马克的学说，认为他们的理论学说不能解释物种相传的原因。但是，他对于该问题也没有确切解决办法，所谓"此问题为不能解决之问题可也。"[③]因为物种变迁一直在演进中，并且物种的演进只有一例而无二例，其变迁是否向于全体，是否已经终了，这些都是不可知之数，与生物细胞到全体可以通过试验而证明是完全不同的。为解决这个问题，只有求之于若干种假定。这个假定就是，在生物全部中有超于其各个

---

① 杜里舒. 达尔文学说之批评 [M] //杜里舒讲演录：第三期. 上海：商务印书馆，1923：9.

② 杜里舒. 达尔文学说之批评 [M] //杜里舒讲演录：第三期. 上海：商务印书馆，1923：9.

③ 杜里舒. 达尔文学说之批评 [M] //杜里舒讲演录：第三期. 上海：商务印书馆，1923：10.

体之上的一超个人的全体性符号。有四种符号：传种的事实是第一种；动植物中能区别其异同而成为一个系统是第二种；不同的系统也有类似之处，这是第三种；异体相互依赖，如树果供给虫类，这是第四种。这四种符号虽然是超个人的全体性表现，但要问全体性的演进是否有确实的证据，只能说除了地理上古动物学上各动物的血统相关，没有其他确凿的证据。所以物种相传，还是一个不能解决的问题。杜里舒强调，是非判断，必须求之于可信的证据，这就是一种科学精神。他希望听众能够树立这种科学精神。

杜里舒在论证物种变迁、生物从细胞发展成生机体时，否定"机械论"，强调生物内部的动因即"隐德来希"的作用，有一定进步意义；并且他倡导对这些问题的求证要坚持科学精神，这对中国知识分子也有很大启发；但过于强调"隐德来希"这种未知的、难以描述的事物，未免过于主观。而否定达尔文的学说，完全否定环境对物种变迁的影响，这也是有失偏颇的。

5.《历史之意义》

1923年2月15日，杜里舒在南开大学作了《历史之意义》的演讲，阐述了其历史观。

他首先界定了"意义"的含义。他认为"凡变化情形之有目的者，是为有意义。"[①]有目的的变化，才是有意义的。如自然界的现象，山脉形成、火山爆裂、地形变迁、风吹雨打，都是出于偶然、没有目的可言；蛙卵之长成为蛙则有目的。一种是物理的变化，彼此积叠、是总和的，有三个特点：一是山石堆砌，彼此并无关系；二是风吹雨打，其原因都自外起；三是元素性质，如速率位置等确定后，就可以推算其变化。蛙卵长成为蛙则是生机体的变化，也有三个特点：一是趋向于全体性；二是虽然环境对变化有影响，但其动力是来自于内部；三是不能由元素的性质来推求其变化，因为其中有全体化的动因。总之，山脉的变化为总和的、为偶然的、是元

① 杜里舒. 历史之意义[M]//杜里舒讲演录: 第五期. 上海: 商务印书馆, 1923: 2.

素所合成的，而生机体的变化则为全体的，彼此间互有关系。他把第一种变化称之为"积叠的"，第二种变化称为"进化的"。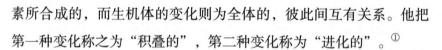

由此推论，历史之意义就决定于历史是积叠的还是进化的。杜里舒批评指出，近数十年来，进化之说成为了口头禅，说政治是进化的，社会是进化的，文学是进化的，政治社会文学是否进化，还要明确进化的意义。历史是否为进化的，他确定了两个标准：一为个人之上是否有超个人的特征，二为有无特创而日进不已者在。从这两个标准出发就可以得出历史是积叠的，还是进化的，或者二者兼之。

物质是由元素组成，知道元素的速率、位置，可以推导物质的变迁。但是生机体，是非机械的，不是物理学所能说明的，而有待于全体化的动因来说明。历史，以人类社会心理为主，如果历史现象都可以用个人心理学解释，那就如同物质的积叠，而没有生物学上的进化。杜里舒认为，解释历史的途径也有三种，一是积叠，一是进化，或者是二者兼而有之。但纯粹的进化含义，可以不论述。因为人类行为中，像一人早上工作、晚上停工，某时早餐、某时晚餐，议院之甲登台，乙起而反驳之等等，这些都与进化无关。所以人类历史不能全是进化，而只能是积叠的、或者进化与积叠二者兼有。

杜里舒认为，历史之中有许多现象可以用个人心理学来解释，例如，假若在欧洲大战前能够了解各国政治人物心理，那么就可以推断欧洲大战肯定会爆发。可以说，凡是历史中有公例可求的，大多可用心理学来解释。如游牧之后，必继以土著；实物经济之后必继以货币经济，全盛时代后必有拔劳克、罗哥哥时代等等。这些

---

① 杜里舒. 历史之意义 [M] //杜里舒讲演录: 第五期. 上海: 商务印书馆, 1923: 3.

现象就像地质学中海上三角洲与山峡的构造，是属于积叠的。历史学者创造历史公例之说，如果历史有公例可求，那就是应用的心理学。因为历史现象，可推本于个人心理，因此心理而影响到全社会，一现象的由来出于各个人心理之积合，与各元素综合而成为物理现象没有区别，所以说属于积叠的。

杜里舒指出，人类历史中除了这些可推源于个人心理的现象之外，另有一些特征可以表示人类为全体的。人类全体性的特征有五方面：①道德的自觉性，爱和义务为人类道德中最重要的两个部分，爱就是视人如己，义务是各尽所当为。此二者之所以存在，是因为在个人之上，有一个超个人的全体在。②职业的协和。在一团体中，有各尽所能、各得所欲的职业，职业的分配在国家有剧变时尤为重要，在物质不足时相互节俭相勉，彼此相济，共同维持其生存，也可谓之全体性。③学说受授。在一团体中①创造一种学说，②创造一理论，既有授者，也有受者，彼此相得是因为两人同在一协和的全体中。④新观念之同时发明。不同国家的人，不相互商量也会想到同种学说，两个人在不同的地点也会解决同一种学问，这就是全体性的结果。⑤目的之异化。某种行为本来目的是①，但影响转到②，这叫做目的之异化，这都是团结人类为一体的表现。人类有了这些全体性之标志，也还不能说是进化的。因为人类团体中还有一些与全体性相反的现象存在，在人类团体中，全体性与非全体性相互夹杂存在，这是不能改变的事实。但人类历史最终目的是否存在，最终的目的在哪里，这都是我们应当回复的问题。达尔文认为物种变化是起于环境，拉马克认为物种变化起于心理，二种学说不同，但都认为物种变化起于偶然。而杜里舒根据自己的试验，认为个体生物的形成源于"隐德来希"，而不是物质的积叠。"隐德来希"可以在个体生物上进行验证，但超于各物种之上，"隐德来希"是如何作用的，至今还不知道。所以杜里舒表示，物种变化是宇宙的谜团。

此外，杜里舒还论述了人种的分立与进化无关，人种发展虽有不同，但没有特别的差异。以欧洲哲学的贡献来看，法国、英国、德国各国都有学问发达之代表，文化学问的发达与种族无关，而看个人天性如何。欧洲种族如此，其他种族也如此。国家的分立也与进化无关，历史上的大人物也与进化无关。因为这些都散见于大地而属于空间现象，以非全体性掺杂其中，不是全体就没有进化可言了。

那么是不是人类历史中就没有进化可言了呢？杜里舒说不是的，人类历史中只有"智识线"是进化的。要求得进化，只能从智识上来看。智识有两面，从其互相授受而言，智识不断推陈出新，日日演进。并且今古相继，永不灭亡，其是非真伪标准以最后之全体为依归。"故吾以为欲求所谓进化线，舍智识莫属焉。"[1]历史上只有孔子、耶稣、释迦牟尼、亚里士多德、牛顿、歌德、康德等对"智识线"有贡献。有功于知识传播或采纳，也合于学说传播的全体性，所以可将知识受授的人都归于进化之列。

最后杜里舒还补充说，因为人类历史只有一种，无可比较，并且人类历史的变迁是否终止，难以断定，再加上人类还不知道其种种变迁的目的所在，所以"人类历史之是否进化，永远不解决之问题也。"[2]

---

[1] 杜里舒. 历史之意义 [M]//杜里舒讲演录：第五期. 上海：商务印书馆，1923：9.

[2] 杜里舒. 历史之意义 [M]//杜里舒讲演录：第五期. 上海：商务印书馆，1923：9.

6.《自由问题》

　　1922年10月，杜里舒刚一抵达上海，就给吴淞同济学校及中国公学作了《自由问题》的讲演。讲演一开始他就指明，自由比自由意志的范围要广，而他此次演讲就从自由意志问题着手。

　　杜里舒介绍了关于自由的定义的两种观点。第一种，既无外界之因又无内界之决定的自由，即为"绝对的自由论"，柏格森所采用的非定命主义就是这个涵义。[①]第二种，由于内在的固有性，而不是由于外物的原因来决定的，即为"相对的自由论"，斯宾诺莎（B.Spinoza，1632—1677）、康德就采用这个自由论。[②]

　　接着，他从五个方面来分析自由意志。

　　（1）"内省中之意志体验"[③]。意志在自觉中在体验中是什么样子，杜里舒进行了描述。意志之中有两个重要元素，"将来求所

---

① 杜里舒. 历史之意义 [M] // 杜里舒讲演录: 第八期. 上海: 商务印书馆, 1923: 1.

② 杜里舒. 历史之意义 [M] // 杜里舒讲演录: 第八期. 上海: 商务印书馆, 1923: 2.

③ 杜里舒. 自由问题 [M] // 杜里舒讲演录: 第八期. 上海: 商务印书馆, 1923: 2.

二　杜里舒在华演讲

以实现之一也，现时仅在表相中二也。"①他以写一封信为例，分析了意志在内省体验中的具体情况。"决意"中包含了11项元素：所对的中心、现时、表相而已、不快之感、将来、实在、快感、"我"之情调，动作的感觉，吾身之因果的参与之确知、最终效之情调。②在写信的这个体验过程中，"我想写信"是体验的中心内容，但是要写这封信在当时仅属于表相，所以我有不快之感。然后，我又想到这封信在将来可以成为自然界的实在体，所以有愉快之感。其后"我想写信"的愿望更强烈，而且辅之以手写的情状。最后我知道，我有能力写这封信，我写好这封信有益于秩序。求自由问题的解决，既能决意，且能见于行为，才能充分证明自由。通过这些分析可以知道，内省的元素有11项，而没有行为参与其中，行为不在自觉中、而是在非自觉中的。所以可以说在意志体验的分析中，既没有自由之证据，也没有不自由之证据。

（2）"心理学上之意志说"。③心理学的目的在于求得心理现象的公例，先是心能之说，继而是心灵的变迁由来，以非自觉性终。心理学作为一门经验科学，作为逻辑学的一部分，如果不放弃成为科学之资格，就必须坚持"因果说"，以为一切心理现象都受因果律的支配，这与自由论和自由意志是两不相容的。行为是不是处于自由，作为经验科学的心理学必求以往事实来解释，说行为与意志的关系取决于以往心理现象中。也就是说，在下决心的时候，有一东一西的分歧，之所以决定东或者西，可能有自由存乎其中，但心理学不承认此自由，而以"定向""自觉性位态"解释，叫做

① 杜里舒. 自由问题 [M]//杜里舒讲演录：第八期. 上海：商务印书馆, 1923: 2.

② 杜里舒. 自由问题 [M]//杜里舒讲演录：第八期. 上海：商务印书馆, 1923: 2-3.

③ 杜里舒. 自由问题 [M]//杜里舒讲演录：第八期. 上海：商务印书馆, 1923: 4.

"定命者"，这是心理学对于自由问题的最后判决。

（3）"变态心理"①。定命之说，以变态心理来证明更加明显。以定限催眠为例，在维也纳医学大会上，某医生对某女士施以定限催眠，其后某女士换了衣服、拿着伞到大会场，在长桌前高歌一曲后离去。从女士自身而言，她认为是出于自由意志，但实际上是由于医生实施了催眠术。从催眠的例子可以看出，自由与不自由是难以决定的。

（4）"道德论上之观察"②。有"当如此""不必如此""可以不必如此"等词语表示道德的自觉性，就是所谓善恶。我认为当然者，就决定谋求其实现。我认为不当然者，决定阻止其实现。在谋求与阻止之间，就是所谓的自由意志。所谓自由意志、责任心、自怨自艾等，都是源于良心，而不是发于外力，这是自由意志。所谓道德，其基础立于超个人的团体之上，个人在这个团体之中如果有一定执掌，各有责任所在。因此，"当如此"和"不当如此"等概念是善恶的标准，来自于团体成员的固有性，个人的行为只不过是固有性的标帜，这是斯宾诺莎、康德所谓的自由，而不是柏格森所谓的自由。

（5）"种史上及人类历史上之观察"③。从人类历史来看，人类的意志或者由心理上过去的经验决定，或者由各人的固有性来决定，是定命的、不自由的。但历史上还有一些现象能够超出重规叠矩之外，这些现象称之为进化的、非积累的，多属于知识界。所以历史中进化的现象只能归之于人类的"智识线"，人类中也只有少数人能

① 杜里舒. 自由问题 [M] //杜里舒讲演录：第八期. 上海：商务印书馆, 1923: 5.
② 杜里舒. 自由问题 [M] //杜里舒讲演录：第八期. 上海：商务印书馆, 1923: 5.
③ 杜里舒. 自由问题 [M] //杜里舒讲演录：第八期. 上海：商务印书馆, 1923: 6.

发现知识界的问题、且谋求解决其问题，这就是所谓的先觉、天才。先觉、天才，不是一日二十四小时都在自由创造中而绝不受外界的支配，如柏格森说，这些天才在一生之中偶有片刻处在自由创造中。

从种史上来说，关于物种的变迁有几种看法。达尔文持环境改造器官说，拉马克认为是因生活条件之需要不需要而决定器官之构造。他们两人都主张器官的发生是为了适应环境，这是不合理的。另外柏格森持生命冲动之说，以为生物界存在着生活流，不断演进，不断变化，没有预定的目的，是一种绝对的自由。柏格森不赞同康德的固有性、固有条件等说法。柏格森的理论，认为在每日变化中就是固有性，就是本体，变就是本体，没有本体就没有决定之因，既然没有定因，所以是绝对的自由。

种史与人类历史之为自由的或为因果的，之所以难以决定是有原因的。物理界与生物界的个体，数量不只一个，像树木有成千上万，动物也有成千上万，人类也有成千上万，其数量众多，可以进行比较和试验，在物理学、生物学、心理学上找到前因后果的解释。生机体的变化不像物理界那么清楚明了。用"隐德来希"解释生机体变化以求符合于伦理学上的因果原则的要求，从人种史、人类历史来说，都只有一个，没有同类事物可供比较，所以物理学和生物学的因果概念是否能用于种史或人类历史，是难以确定的。

通过以上分析，杜里舒得出结论：以内省方法分析意志是无自由不自由可言的；以心理学言之，自由不自由不在其范围之内；以道德来解释也无所谓自由；从种史与人类历史来看，难以确知自由或不自由。总之，"则自由与不自由，非人力所解决之问题也。"①

① 杜里舒. 自由问题[M]//杜里舒讲演录: 第八期. 上海: 商务印书馆, 1923: 9.

然后杜里舒又列举了三家关于自由意志之说。

康德以为人类的品性有两方面，一是经验的品性，一是良知良能的品性。例如见到有人落水，就投到水中去救人。这个过程中，见到有人落水而懂得自己也要入水中去救人，这是属于经验的品性，受因果律的支配，属于现象。另外，人所以去救人，是有不畏死的气概，是出于自己的固有性而不受外力的牵制，这是良知良能的品性，属于本体。此事从现象上看是因果的、非自由的，从本体看则是在不自由之中有自由。可见康德的所谓自由是从固有性来看的。

柏格森则认为宇宙在不断的变迁中，没有本体或固有性，也无所谓因果，是一种绝对的自由。生物器官的变迁是自由的，人类意志也是自由的。

谢林（F.W.J.Schelling，1715—1854）是介于康德和柏格森之间的学者。像柏格森所说，上帝没有固有性，所以种史和人类史的变迁不是由上帝的固有性决定的，是自由的。说到个人，个人是没有固有性的，所以个人的行为不是由固有性决定的，是自由的。如果上帝有固有性，那么种史和人类史的存在就是由上帝的固有性决定的。个人有固有性，那么个人的行为的存在是由固有性决定的。谢林说，其具体如何表现，则为固定性所决定，而其存在的由来，是绝对之自由。谢林的学说适用于种史、人类史与个人行为。上帝有固有性，所以种史与人类史如此，由上帝的固有性决定，但其创造世界的举动是绝对的自由。以个人而言，其行为如此，由个人的固有性限制，但采取此行动则是个人的绝对自由。

物种的变迁，人类的历史，二者与上帝问题是一个事情。一种认为上帝有固有性，上帝是超于世界外的造物主。一种认为上帝没

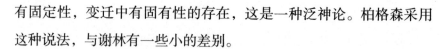
有固定性，变迁中有固有性的存在，这是一种泛神论。柏格森采用这种说法，与谢林有一些小的差别。

最后，杜里舒总结说，自由问题难以解决，主张因果或主张自由意志要视其人性情如何，不能强迫别人赞同。对于自由与不自由问题，没有确定的答案。明确此问题没有答案，这也是一种答案。从他个人所言，他主张采用谢林的观点——"行为之所以如是，则个人之固有性限之，若其行与不行，则个人自有自由"，倾向于认为行为的具体表现是由个人固有性支配的，是否采取行为则是个人的自由。[①]对此他也持一种调和的观点。

---

① 杜里舒. 自由问题 [M] //杜里舒讲演录: 第八期. 上海: 商务印书馆, 1923: 11.

7.《康德与最近哲学潮流》

杜里舒很重视康德在哲学史上承前启后的重要地位，他来中国后即作了关于康德哲学的长篇演讲——《康德与最近哲学潮流》。

杜里舒在一开头就指明，此演讲所讲的主题为认识论，主要讨论认识的本质是什么以及认识的界限在哪里。认识论到康德时候成了哲学的中心问题。他要讲康德，就主要讲康德的认识论。同时，他也介绍了西方最近哲学潮流。

杜里舒高度评价了康德的地位，认为康德与亚里士多德是欧洲哲学界的两大人物。康德为哲学界的中心，赞成者受其正面影响，反对者受其负面影响。

此篇演讲主要分为四部分内容：康德以前之认识论；康德的认识论；康德之后的哲学；最近哲学的潮流。

（1）康德以前的认识论

杜里舒指出，认识问题可以从两方面说明：第一，认识的本质是什么；第二，认识的界限在哪里。所谓认识论，从外界之认识言之，是为狭义之认识论，其中含有三个问题：第一，何谓外界；第二，假定有外界，此有字作何解释；第三，我与外界之关系。

以上三问题在古希腊时代不被看作为问题。最初的朴素哲学认为，外界之物送一影像进入人的眼睛，而人从而认识之。譬如，狗在人前，狗身的影像进入人的官觉，人就认识了其为狗。亚里士多德稍微变更其说，认为人有两种能力：一为官觉的，如红色入人眼，从而认识之；还有一种是将特殊的感觉加以综合，如数之多寡、地位之所在、时间之先后等，亚里士多德称之为"common-sense"。①

德谟克里特（Democritus）、普罗塔哥拉（Protagoras）对于外界的存在也认为没有疑问，但对于外物在官觉中是否与外物本身相同抱有疑问，认为红、白、辛酸等都属于主观性，物体本身无所谓红、白、辛酸。

伽利略对于物之在外者和在内者是否相同，持疑问态度。以为声、色、臭味等不属于外物本身，而起于感觉之人。外物本身所有的为形状、位置、动静等固有性，称之为初性，声、色、臭味等称之为次性。

杜里舒认为笛卡尔是"欧洲新哲学建设之一人也"②，介绍了笛卡尔的主要哲学观，认为笛卡尔不循旧说，将初性、次性问题加深研究。但笛卡尔把外界视为都是可疑的，甚至"2+2＝4"都在可疑

---

① 杜里舒. 康德与最近哲学潮流 [M] // 杜里舒讲演录：第一期. 上海：商务印书馆，1923：3.

② 杜里舒. 康德与最近哲学潮流 [M] // 杜里舒讲演录：第一期. 上海：商务印书馆，1923：3.

之列，杜里舒认为"不免言之过甚矣"①。

笛卡尔把一切视为可疑，只有一个不可疑者，即"我疑我之所疑是也。"②此能疑者是思的一种，所以"我思"为不可疑之点，笛卡尔就以"我思故我在"作为其哲学的出发点。杜里舒认为笛卡尔所谓的"我思"中的"思"可解释为"体验"，这个体验就是杜里舒自己学说中的"我自觉的有某物"之称"。

另外，笛卡尔关于身心关系之说是近世心物并行论的起点，所以杜里舒也加以详细论述。笛卡尔认为人身有二质，一是体，一是魂。体属于物质，魂属于精神。二者各自独立，又能相互影响。世间动物中只有人既有体，又有魂。其他动物只有体而无魂。人有灵魂，所以不能用机械原则来说明。

杜里舒总结笛卡尔的学说有三个要点：外界皆可疑，只有一不可疑者即我，是其哲学的出发点；外界是有的，因为上帝不会欺骗人；外界有初性、次性之分，人官觉中的外界并不是外界之本体，只是其次性。

杜里舒认为洛克的学说明白晓畅，便于初学。洛克主张"人心中无内生观念"③。一切观念都是由学习所得，而不是内生的。杜里舒批评洛克的观点不能自圆其说，强迫把内生观念作为人类与生俱来的关于逻辑学、数学的知识，将此作为假想敌人，这是无的放矢。

---

① 杜里舒. 康德与最近哲学潮流 [M] // 杜里舒讲演录: 第一期. 上海: 商务印书馆, 1923: 5.

② 杜里舒. 康德与最近哲学潮流 [M] // 杜里舒讲演录: 第一期. 上海: 商务印书馆, 1923: 5.

③ 杜里舒. 康德与最近哲学潮流 [M] // 杜里舒讲演录: 第一期. 上海: 商务印书馆, 1923: 11.

　　杜里舒还论及了休谟（D.Hume，1711—1776）的哲学思想。休谟的学说主要是关于因果关系问题。认为无所谓因，无所谓果。因果只不过是"心理上观念联合之原则"在起作用。[①]自然界之认识，不能谓为知，只能视之为"信仰"而已。杜里舒则认为因果论有逻辑学上的根据。

　　杜里舒指出，洛克和休谟对康德都有影响。洛克的初性、次性之分之观点就为康德所继承并进一步发挥，认为初性也是主观的。休谟的因果论对康德影响更大。

　　（2）康德的认识论

　　①纯粹理性批导

　　杜里舒认为康德的《纯粹理性批判》是一本驳论性的著作。第一驳的是莱布尼茨（G.W.Leibnitz，1646—1716）与沃尔弗（C.F.Wolff，1733—1794）的合理的形上学。沃尔弗认为神、不死、宇宙终始、自由是凭概念或思想就可以证明其存在的。康德则认为这四者的存在不是纯粹理性就能立证的。第二驳的是休谟的怀疑主义。休谟认为因果论只不过是信仰，自然界没有的确之知。康德则认为经验界有一般有效之知，并非只是信仰。

　　康德以三种学问为标准研究理性自身的认识能力。这三种学问是：第一，形式逻辑；第二，数学；第三，数学的物理学或力学。从形式逻辑上说，理性之力所能及与不能及还不十分明显。从第二、第三种学问上说，以判断之形式表现出来，既非分析判断之先天的，又非综合判断之后天的，而是综合判断之先天的。

---

① 杜里舒. 康德与最近哲学潮流 [M] //杜里舒讲演录：第一期. 上海：商务印书馆，1923：14.

②时空论

杜里舒认为康德的观点与笛卡尔相反，以内属我，以外属物，外物的存在是当然的、不可疑的，所疑的是时空是否为主观的。

杜里舒总结了康德之时空的特征："第一、空间非经验的观念"；"第二、空间者，必然之觉相"；"第三、惟有此必然性，故一切几何学上之原则为必然的，无可辨的"；"第四、空间者，非观念而纯觉摄也"；"第五、几何学上自明原则（Axiom）之正确，即由纯觉摄而来"；"第六空间为无限的"。①总之，康德认为空间不是物自体之性，不是事物之关系，而是人心的主观性质。康德还以为空间论可以适用于时间。

对于康德的时空论，杜里舒进行了批评，指出康德的时空论中有三个疑问：时空的主观性是否为综合判断之先天的前提，时空属于主观性之说是否合于实际，时空二者是否同为小类而属于一大类。而杜里舒认为综合判断之先天不起于时空之主观性，而起于"时空上之本质上与吾人之内部之能觉摄"②。时空在实际上也不是主观的，而是实际存在的。时间不可与空间并列，二者不能属于同一类。所以康德的时空论还有一些不能成立的地方。

③范畴论

杜里舒认为，康德的哲学从主观出发认为外物是经过人在某关系中而认识的，先有人心，后有外物。康德是从判断来求范围。康德的判断分为四类：自量分之有三（普通、特指、单一），自性

---

① 杜里舒. 康德与最近哲学潮流［M］//杜里舒讲演录：第一期. 上海：商务印书馆，1923：24-26.

② 杜里舒. 康德与最近哲学潮流［M］//杜里舒讲演录：第一期. 上海：商务印书馆，1923：30.

二 杜里舒在华演讲

65

分之有三（可定、否定、无限），自关系分之有三（直言、假设、分类），自情态分之有三（疑问、确信、必然）。康德从这12项判断来求范畴，得出12个范畴：自量言之即一体（尺度）、多数（多量）、统计（全体）；自性言之即实在、非实在、限制；自关系言之即物质、因果、交互（或公共）；自情态言之即可能、存在、必然。

杜里舒批评康德抄袭了旧论理教科书中判断的种类，这种由判断求范畴，过于牵强附会。

杜里舒还详细论述了康德的"范畴之超越的演绎论"①，即论述了康德关于范畴不本于经验而来，而能先天的适用于外物，其理由是什么。康德从主观出发，认为自然的公例由人在不自觉中加入自然界，其后再由人自觉的于自然界中求之。因果范畴先天的早已成立，其后才能发现经验界之公例。

对此杜里舒加以批评，认为公例是与物性有关，物与物不同是由于其本体不同，不能全凭主观。

④超越的质辨论

杜里舒指出，康德的质辨论即是关于上帝、灵魂、自由等各问题，并总结其质辨论所分析的对象：其一为合理的心理学，即灵魂问题；其二为宇宙学，即世界的时间是否有始，空间是否有限，物质是否可无限分析，现象是因果的或者是自由的；其三为神学，上帝有或者无。

关于灵魂不死论，康德批评了沃尔弗的观点，称其为"合理心

---

① 杜里舒. 康德与最近哲学潮流 [M] // 杜里舒讲演录：第二期. 上海：商务印书馆，1923：43.

理学之误推论"。①关于合理的宇宙论，其中有四个问题，这四个问题又有正、反两面。康德不用归纳方法，而用数学上的演绎法，即以非甲之误证明甲，以甲之误证明非甲。杜里舒说，现在不只他自己，其它人都已不信此学说，他认为这四个问题不是逻辑问题，而是事实问题。

杜里舒指出，以上四问题中以自由问题最为重要。康德的自由论认为，人具有两性。一是经验界之性，受因果律的支配，为定命的。一是良知良能界之性，属于物自体之一界中，是经验界之性的根本，是自由的。这个自由不是绝对的自由，而本于良知良能界之性而来。因为它不是来自于外界的原因，而是来自于人的本性，所以仍称之为自由。其实也是定命的一种。杜里舒评价说康德的自由论是"非非定命也"，是依据本质而来的。②

关于上帝问题，康德从三种判断而牵合三种形上问题。灵魂问题就是从质言判断而来，"能得最高类，而此类之中，无可再分者，即为上帝"③。康德以分类方法而得出"上帝"的概念——上帝就是无类可分者。杜里舒表示反对，认为这是不伦的分法，数学上的分类不可与上帝相提并论。

⑤判断力批导中之目的论

因为目的论与生机哲学相关，所以杜里舒就目的论有所阐述。

---

① 杜里舒. 康德与最近哲学潮流［M］//杜里舒讲演录: 第三期. 上海: 商务印书馆, 1923: 64.

② 杜里舒. 康德与最近哲学潮流［M］//杜里舒讲演录: 第三期. 上海: 商务印书馆, 1923: 69.

③ 杜里舒. 康德与最近哲学潮流［M］//杜里舒讲演录: 第三期. 上海: 商务印书馆, 1923: 71.

杜里舒介绍，康德所谓的判断力是以特殊纳入普遍之下，并把判断力分为两类。一是推定的判断力，即先有一普遍在，然后以特殊纳入其下。二是回想的判断力，即先有一特殊在，而后求一普遍以笼罩之。也就是说，先知道了各个部分，而不知道总目的，于是本于目的性之原则以判断之。这也是目的论之由来。康德的所谓目的不是认识内的事，也不是范畴所能适用的。只是主观上的回想，只有原则而无范畴。

杜里舒评论说，康德虽然知道如果没有目的性，就不能解释生物体，但康德仍然不以目的性为范畴，只是把目的性视为观察之原则。他批评康德徘徊于目的论与"机械论"之间，仍然以机械的原则判断物质的产生，只有在"机械论"无法解释时才辅之以目的论。

（3）康德之后的哲学

杜里舒先介绍了继康德而起的惟心主义者，总结了其代表人物如费希特（J.G.Fichte，1762—1814）、谢林、黑格尔（G.W.F.Hegel，1770—1831）、叔本华、弗里慈（J.F.Fries，1773—1843）、波尔察诺（B.Bolzano，1781—1848）的哲学思想。

费希特主张"此世界亦由我所造成"，这个"我"是自由的无限的活动，不分主客、内外、心物等，只能以理智的默会才能了解。谢林认为自然界为非自觉性之精神，可以用直觉的方法求自然界之意义。黑格尔以逻辑的方法解释宇宙演进，认为思想的行历就是宇宙行历的另一面。这三人都是形上学者。叔本华认为有了意志，才有宇宙，意志是宇宙的本体。费里兹主张范畴的成立起于心理的经验，以心理作为范畴之根据。波尔察诺主要研究人所认识的是何物，将知之行为分为内容和所对两种。

杜里舒还介绍了实证主义思想。概括了实证主义的两个代表人物孔德（A.Comte，1798—1857）和穆勒（J. S. Mill，1806—1873）的学说。杜里舒认为两人的认识论以休谟的因果论为蓝本，以时空内之感觉为唯一基础。两人将时空内之所现有者以数学为根据，求其先后排列之序，而无所谓必然之公例。杜里舒给予实证主义以较高评价，认为它不但影响了哲学，还影响了近代物理学。

（4）最近哲学潮流

杜里舒主要介绍了当时哲学潮流中的新康德派。他认为近代哲学以康德为中心，以认识论为对象。康德研究的是如何认识，而新康德派则研究所认识的内容是什么。

杜里舒把新康德派分为三派。

①心理的新康德主义（Der Psychologische Neukantianismus）"①

这一派依据康德的《纯粹理性批判》第一版，主张思想形式都根源于心理的组织，继承了康德的大部分理论，没有多少新说；只是就识别对于自然而立法这一点，康德未有明确解释，这一派则认为有多少现象，即为本体多少之表示。其代表人物有李普曼、黎尔、朗格（F.A.Lange，1828—1875）、亥姆霍兹（H.L.F.Helmholtz，1821—1894）等。杜里舒认为李普曼是新康德复活运动最有力之一人。

②"论理的新康德主义（Der Logische Neukantianismus）"②

此派又名为马堡学派。此派所根据的是康德的《纯粹理性批判》的第二版与《形上学序》，虽自命为康德的继承者，实际上脱

---

① 杜里舒. 康德与最近哲学潮流［M］//杜里舒讲演录：第四期. 上海：商务印书馆，1923：99.

② 杜里舒. 康德与最近哲学潮流［M］//杜里舒讲演录：第四期. 上海：商务印书馆，1923：102.

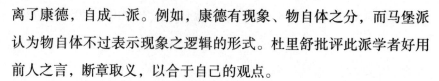

离了康德，自成一派。例如，康德有现象、物自体之分，而马堡派认为物自体不过表示现象之逻辑的形式。杜里舒批评此派学者好用前人之言，断章取义，以合于自己的观点。

③ "准直哲学（Die Wert Philosophie）"[1]

又名西南德意志学派。创始人为文德尔班（W.Windelband，1848—1915），李凯尔特、拉斯克（E.Lask，1875—1915）为其继承者。此派以"中效"即真善美之公例为出发点。将哲学定义为"准直论"，对于"准直"没有明确解释，只是说真理就是"准直"，达到此真理是哲学家的任务。主张作判断时要以"应"为之标准，求达于一般效力。杜里舒则认为哲学家最正确的出发点是"我知主义"，"我知"的主观范围是无法突破的。

此外杜里舒还介绍了当时的内在哲学、实证主义、实用主义、胡塞尔的现象学、柏格森形上学的直觉，等等。

最后，杜里舒将各派学说进行了比较。从一般有效说来看，实证主义与实用主义承认，认识之外有独立之实证存在，但最后也陷于形上学。其他各派则认为世间有一般有效之真理存在，也趋向于形上学。从研究之出发点来看，马堡学派自现成科学出发，其所认为一般有效者只是现成科学之理论。其它各派都自理性之研究出发（实证主义除外），其所认为真理的标准是自证性。

各派从表面看来距离较远，其实差别不大。

总之，各家学说的前提不合于批判精神的有三方面：第一，承认多数之"我"的存在；第二，承认离"我"之外有独立的存在，

---

① 杜里舒. 康德与最近哲学潮流［M］//杜里舒讲演录：第四期. 上海：商务印书馆，1923：104.

如物自体、准直等；第三，"我"能以一般有效之方法，把握离"我"而独立的存在。这三方面是各派的通病（只有第三项不为实用主义所承认）。

另外，杜里舒还介绍了自己的立脚点与各派的不同之点：第一，哲学必须以绝对无可疑者为出发点，而绝对无可疑者只有"我自觉的体验某物"或者称"我自觉的有某物""我有某物"[①]。第二，"我之所有之某物，乃谓秩序的"，哲学的任务就是发现秩序。[②]第三，秩序论中有直接所对与间接所对之分，此区别类同于平常所说理想的所对与经验的所对之分。

---

① 杜里舒. 康德与最近哲学潮流［M］//杜里舒讲演录：第四期. 上海：商务印书馆，1923：125.

② 杜里舒. 康德与最近哲学潮流［M］//杜里舒讲演录：第四期. 上海：商务印书馆，1923：125.

三

杜里舒来华对近代中国的影响

　　对于杜里舒在华所作演讲，中国知识界进行了大力宣传，在中国掀起了一股传播杜里舒学说的高潮。1923年1月其演讲专辑《杜里舒讲演录》开始陆续出版。1923年4月《东方杂志》刊出了"杜里舒号"，全面介绍和评述了杜里舒的学说。1923年12月，杜里舒的专著《实生论大旨》经江绍原翻译由东亚图书馆出版。1924年由费鸿年撰写的关于杜里舒的专著——《杜里舒及其学说》由商务印书馆出版，这种有专著出版的情况在当时被邀来华讲学的哲学家中还是少见的。在这股传播热潮中，一批知识分子接受和吸收了杜里舒的学说，并联系中国的时代条件、结合自身的专业与需求等加以运用与宣传。由此杜里舒的生机主义不断激荡着当时的中国思想界。

1. 杜里舒与"科学与人生观"论战

　　"科学与人生观"论战（又称"科学与玄学"论战、人生观论战）是20世纪20年代中国思想界的一场著名论战。论战中"玄学派"一方认为人生观不同于科学，科学不是万能的，科学不能支配人生观，"科学无论如何发达，而人生问题之解决，决非科学所能为力，惟赖诸人类之自身而已。"[①]"科学派"则认为人生观要受逻辑学的公例、方法、定义的支配，科学方法是万能的，"科学是教育同修养的最好工具。"[②]双方就这些问题进行了热烈持久的争论。

　　"玄学派"的主将张君劢曾与杜里舒长久相处，受其影响较大，在论战过程中多次援引其学说与经历。

　　杜里舒是由当时正在德国的张君劢直接邀请来中国的。国内第一篇关于杜里舒的文章——《德国哲学家杜里舒氏东来之报告及

---

① 张君劢, 丁文江, 等. 科学与人生观 [M]. 济南: 山东人民出版社, 1997: 38.

② 张君劢, 丁文江, 等. 科学与人生观 [M]. 济南: 山东人民出版社, 1997: 53.

三　杜里舒来华对近代中国的影响

75

其学说大略》一文，也是由张君劢在《改造》四卷六号上发表的。从此文中可以看出，张君劢在德国已经阅读了关于杜里舒的诸多书籍，对杜里舒的生平、著作及学说有较多了解。

为陪同杜里舒，1922年张君劢特意从德国回到了中国。从1922年10月到1923年6月，张君劢一直陪同杜里舒在全国进行巡回演讲，并担任翻译，还组织整理出版了《杜里舒演讲录》。在此期间，张君劢与杜里舒朝夕相处，听取了其大部分演讲，相互之间对人生哲学问题等多有讨论，张君劢很容易就受其影响。

1923年年初张君劢陪同杜里舒从武昌来到了北京。1923年2月14日，张君劢应邀去清华大学为即将出国留学的学生作演讲，由于演讲的对象是即将去学习科学的留学生，他提醒学生们不要过于迷信科学，而应懂得人生观并不是科学所能解决的，所以作了题为《人生观》的演讲。其后此演讲稿刊登在《清华周刊》上，遭到了提倡科学的丁文江的反对，并作《玄学与科学》一文与之相对。由此引发了"科学与人生观"论战。在论战的过程中，张君劢对杜里舒的思想与观点多有吸取与借鉴。

（1）吸收杜里舒的"自由意志"学说

张君劢与丁文江关于科学与人生观的论战，一个核心的问题就是科学与人生观的区别是什么。由此张君劢提出了科学有因果律，而人生观没有因果律，人生观是"自由意志"的。只要能说明人生观是"自由意志"的，与科学相反，就可以说科学不能解决人生观的问题，人生观的问题只能由形上学来解决。可见，"自由意志"观点是张君劢论战的一个最重要的立论。

在《人生观》演讲中，为了说明科学不能解决人生观问题，张君劢列举了科学与人生观的五个不同特点："第一，科学为客观的，人生观为主观的"；"第二，科学为论理的方法所支配，而人生观则起于直觉"；"第三，科学可以以分析方法下手，而人生观则为综合的"；"第四，科学为因果律所支配，而人生观则为自由意志的"；"第五，科学起于对象之相同现象，而人生观起于人格之单一性"。①在总结这场论战时张君劢说："此二十万言之争论，科学非科学也，形上非形上也，人生为科学所能解决与不能解决也，有因与无因也，物质与精神也，若去其外壳，而穷其精核，可以一言蔽之，曰自由意志问题是矣！"②可见张君劢认为科学与人生观说到底就是一个"自由意志问题"，人生观是主观的，是直觉的，是综合的，是人格单一性的，其实不过是从不同角度对自由意志论的注解。

张君劢为了证明自己的"自由意志"论，吸取了杜里舒关于自由意志论的思想，引用了杜里舒《自由问题》演讲中的许多观点和材料。

张君劢认为意志是自由的，那么有关人生的问题自然就是"非因果的非科学的"③。意志是不是自由的呢？他认为，因为心理现象不是固定的，是不断变化的，所以人的意志是自由的。生物界正因为有了这种自由意志性，所以生物会不断进化，历史会不断演进。为了证明生物是由于自由意志而不断进化的，他引用了杜里舒在《自由问题》中所引叙的柏格森之言论："就物种之变迁言之，有达尔文之环境改造器官说，有拉马克之因生活条件之需要不需要而定器官之构造说。此两家之言，皆以为器官之发生，由于适应环

① 张君劢, 丁文江, 等. 科学与人生观[M]. 济南: 山东人民出版社, 1997: 38.

② 黄克剑, 吴小龙. 张君劢集. [M]. 北京: 群言出版社, 1993: 70.

③ 黄克剑, 吴小龙编. 张君劢集. [M]. 北京: 群言出版社, 1993: 70.

三 杜里舒来华对近代中国的影响

77

境。此种学说，其非满足之解决（详见达尔文学说之批评中），已为一般所公认，自柏格森创为生命冲动之说（Elan vitale）谓世界之生物中，有一以贯之之现象，是名生活流，此生活流日进而不已，变而不已，故无所谓预定之目的。因此之故，康氏所谓固有性，所谓固定条件（Beharrliche bedigung），柏氏所不认者也。柏氏之意，此日变之中，即为固定性，即为本体，故曰即变即本体，惟其无本体，故无决定之因，即无定因，故为绝对之自由。"（《杜里舒讲演录》第八期）[①]张君劢引用杜里舒的此段话以说明物种的进化并不是按达尔文或拉马克所谓的"适应环境"的规律而行。生物不是按照预定之目的发展，而是自由的前进。

张君劢不但认为生物的进化没有因果律，是"自由意志"的，而且还认为人类历史的发展也没有因果律的，也是自由前进的。张君劢引用了杜里舒之《自由问题》中关于"种史上及人类历史上之观察"中的一段原话："前段中所述内省上心理上道德上种种研究，其所得结论，则以为人类之意志，苟无心理上旧日之经历为之决定，则以各人之固有性从而决定之，是定命也，非自由也；依吾观之，苟一部历史，皆心理学之公例所能解释，则历史者，不过应用的心理学耳！然往往见有历史上之现象，确能超出于重规叠矩之外，无以名之，名之曰进化的非积叠的！"[②]杜里舒认为人类历史中"智识线"上的现象是进化的，能超出因果规律之外，以自身内部动力为动因而发展，张君劢正好借此来说明自己的观点。

为了进一步证明自由意志的存在，张君劢表示即使让一步，

---

① 黄克剑，吴小龙编. 张君劢集. [M]. 北京：群言出版社，1993：70.

② 黄克剑，吴小龙编. 张君劢集. [M]. 北京：群言出版社，1993：70−71.

承认心理现象有因果律，那么这种因果律必须是最终成立的。如果这种因果律存在着矛盾，则心理学之为科学是不成立的。而杜里舒也表示心理学作为一门科学必须有因果律，这在逻辑上存在着矛盾。张君劢就引用了杜里舒有关心理学的一段话："心理学之大目的，在求心理现象来去之公例，先以心能之说，如记忆联想之类，继以心灵上变迁之由来，而以非自觉性终焉。惟其如是，心理学以因果为最重要之概念，或推本于前日之变迁，或推本于心灵中之固有性，总之，不离乎因果之念而已！心理学为经验科学为论理之一部，苟其不欲自放弃其成为科学之资格，则惟有抱定因果说，换词言之，与自由论与自由意志两不相容而已！"[①]张君劢用杜里舒的这一段话说明，心理学从逻辑上讲，要成其为科学，就必须求得因果律，必定排斥自由论和自由意志。而实际上心理学研究心理现象，本是主观的，是没有因果律的。张君劢由此说明，心理学有因果律从逻辑上来说是不能成立的。

（2）借鉴杜里舒生机论中的进化论思想

在"科玄论战"中，张君劢将科学分为物质科学与精神科学两大类，认为其中物质科学是有客观规律可循的，而精神科学则不一定，"物质科学之客观效力，最为圆满；至于精神科学次之。"[②]而人生观是主观的，完全没有公例可求。丁文江反对对物质科学与精神科学进行分类，认为科学是"万能"的、"普遍"的，一切学科都是科学。

两人就什么属于人生观、什么属于科学以及人生观与科学是否

① 黄克剑，吴小龙编.张君劢集.[M].北京：群言出版社，1993：71.
② 张君劢，丁文江，等.科学与人生观[M].济南：山东人民出版社，1997：35.

有公例、公例是否已经解决等问题进行了争论。在这方面，张君劢借鉴了杜里舒的关于进化论的思想、"隐德来希"的概念等来支持自己的观点。

张君劢认为人生观是主观的，性善与性恶问题、达尔文的生存竞争论问题等都是主观的，是没有公例的，属于人生观问题，而不是科学问题。他举例说："若夫人生观则反是：孔子之行健与老子之无为，其所见异焉；孟子之性善与荀子之性恶，其所见异焉……达尔文之生存竞争论与哥罗巴金（指克鲁泡特金）之互助主义，其所见异焉。"①这遭到了丁文江的反对。丁文江认为性善性恶和生存竞争论属于科学问题，而且科学界已经找到了其中的公例。丁文江在《玄学与科学》中反驳道："学生物学的人谁不知道性善性恶和达尔文的生存竞争论同是科学问题，而且是已经解决的问题？"②

张君劢则认为，不但性善性恶问题不是科学问题，连生物学是否为"严正科学"还有待努力，而且生物学的公例"生物之进化论"也还没有解决。对于进化论，他完全吸收了杜里舒的思想。

张君劢吸取了杜里舒的理论，认为生物学上的很多问题包括进化问题，还不能得到确凿的证据，达尔文和拉马克的进化论对很多生物现象不能解释，其科学性有待检验，也并不是一个已经解决的问题。"以在君之语言之，则以为生物学之进化论皆已解决矣。虽然，果解决耶，果未解决耶，试证之杜里舒之言。杜里舒之玄学，为在君所不乐闻，若夫杜氏之《实验胎生学》，尝埋头于那泊尔海滨生物试验所十二年，当为在君所不能否认者矣。试录其武昌

① 张君劢,丁文江,等.科学与人生观[M].济南:山东人民出版社,1997:35.
② 张君劢,丁文江,等.科学与人生观[M].济南:山东人民出版社,1997:44.

讲演之一段如下：吾人得达氏学说之要义，竞争生存（Struggle for Existence）一也；自然选择（Natural selection）二也；微变之积累三也；其微变之宜者，由甲代传诸乙代四也。……且以胚胎学之试验，凡海胆之细胞，无论其为二分期四分期八分期，任取二分之一、四分之一、八分之一而畜之，均能成一全胎。依达氏主义者之言，凡属海胆，其前身必尽遭宰割之刑而后可。否则，此长成全胎之能力，海胆之卵，必无从取得也。此又为奇中之奇。而号为达氏之徒者，惟有瞠目咋舌，不知所对而已。"①对于杜里舒在武昌中华大学所做的《达尔文主义之批判》之讲演，除最后四段外，张君劢都进行了引用，引语达两千多字，可见张君劢对杜里舒此篇反驳达尔文进化论的言论是十分信服的。他以杜里舒的观点证明生物学上的达尔文的进化论是不能成立的，生物学上的"自然公例"还未找到。"而吾所以举杜氏言者，凡以明生物学上之进化论，除在君之武断的科学家外，鲜有认为既已解决者。"②因此，生物学还不能算是确实科学，即便承认生物学是科学，那么生物学也还没有找到其因果律，还没有解决"公例"问题。由此，张君劢得出结论，科学也不是万能的。

另外，张君劢还认为物理学为"严正科学"，而生物学、心理学还无定说，其公例还不确定。因为物理学是研究死物的，生物学是研究活物的，心理学是研究活物中的心理现象。物理学与生物学、心理学之间的鸿沟是不能抹煞的。物理学作为严正科学，不但有因果关系，而且因果的分量还可以度量。而生物学、心理学则

① 张君劢, 丁文江, 等. 科学与人生观 [M]. 济南: 山东人民出版社, 1997: 67–71.
② 张君劢, 丁文江, 等. 科学与人生观 [M]. 济南: 山东人民出版社, 1997: 71.

三 杜里舒来华对近代中国的影响

反之。张君劢借助于杜里舒生机主义学说中提出的"隐德来希"的概念进行证明。杜里舒提出"隐德来希""是在协和的平等可能系统中为物理化学所不能解释的东西，"[①] "隐德来希"是生命本身所存在的一种自主的东西，这种东西是不能用物理化学来解释的。"隐德来希"是"有机的行历，本身是复杂体"[②]。它是能知的，有意欲的，它的意欲是"要机体构成"，也就是要使生物成为一完整的有机体。[③]它不依赖于经验，而本来就存在，并且它有目的性，而且是有动的目的性，即"向一个目的进行，同时又有变化在内。"[④]总之，杜里舒认为"隐德来希"就是生物内部决定生物发展变化的一个动力，并且不可度量，不受外界影响，自由释放，自主自律，使生物达于完整有机体。张君劢借鉴杜里舒的"隐德来希"的有关观点，也提出生物学中的因果关系难以确定。"吾人姑不以因果之量度求之生物与心理，即但就生命界与心理界而求其因果关系之明确，亦已不易矣。不见杜里舒氏发见细胞之协和平等可能系乎？欲求其因果于物理界而不可得，乃归其因于'隐德来希'。'隐德来希'者非也，生命构成不可知之代名词耳。"[⑤]张君劢运用杜里舒的生机主义中的"隐德来希"这一不明确的概念，再次佐证生物学上因果关系的不明确。

（3）引证杜里舒从科学到形而上学的经历

针对张君劢的《人生观》演讲，丁文江提出来要打附在张君劢

---

① 杜里舒. 生机体之哲学 [M] //杜里舒讲演录: 第二期. 上海: 商务印书馆, 1923: 28.

② 杜里舒. 生机体之哲学 [M] //杜里舒讲演录: 第三期. 上海: 商务印书馆, 1923: 67.

③ 杜里舒. 生机体之哲学 [M] //杜里舒讲演录: 第三期. 上海: 商务印书馆, 1923: 67.

④ 杜里舒. 生机体之哲学 [M] //杜里舒讲演录: 第三期. 上海: 商务印书馆, 1923: 68.

⑤ 张君劢, 丁文江, 等. 科学与人生观 [M]. 济南: 山东人民出版社, 1997: 74.

身上的"玄学的鬼"，将科学与玄学相对。认为玄学原来意指根本哲学或是神学，到19世纪下半期玄学从根本哲学退避到指本体论。他指出玄学在欧洲没有地位和市场，批评张君劢把玄学运用到中国毒害中国青年。他提倡科学，反对玄学（形上学）。与之相对，张君劢就运用了杜里舒对玄学研究的重视及从科学到玄学的经历，以证明玄学在欧洲正是勃兴的时候，肯定了玄学的必要性。他认为，正因为科学不能支配人生观，所以就必须舍科学而求之于玄学。两人就此问题进行了争论。

张君劢发表的《人生观》演讲，认为人生观是主观的、直觉的、自由意志的，是起于良心自动的，是没有公例的，提出来科学不能解决人生观问题。丁文江将这些观点总结为"玄学"的观点，在《玄学与科学》一文的开头就讽刺道："玄学真是个无赖鬼——在欧洲鬼混了二千多年，到近来渐渐没有地方混饭吃，忽然装起假幌子，挂起新招牌，大摇大摆的跑到中国来招摇撞骗。你要不信，请你看看张君劢的《人生观》！"[1]丁文江讥讽玄学在欧洲没有市场，张君劢在利用这种没落的玄学在中国行骗。

张君劢在《再论人生观并答丁在君》中进行反驳，他首先界定了玄学的范围，谓"玄学之名，本作为超物理界超官觉解释。惟其有此解释，于是凡属觉官以上者，概以归之玄学。"[2]然后他举例说明，玄学并不是"没有地方混饭吃"，玄学在欧洲十分发达，代表现代思潮的各大哲学家，都发表过玄学的著作，然后他列举了各哲学家的书名及出版年月："一八七四，法国蒲脱罗氏（Boutroux）

① 张君劢,丁文江,等.科学与人生观[M].济南:山东人民出版社,1997:41.
② 张君劢,丁文江,等.科学与人生观[M].济南:山东人民出版社,1997:98.

三 杜里舒来华对近代中国的影响

《自然律之偶然性》；一八八八，德国倭伊铿氏《精神生活之统一》……一九一六，杜里舒之形上学《实在论》；一九二二，杜氏《形上学》再版。此外以形上学之复活名其书者，尤屡见不一见。"①张君劢列举了杜里舒的著作作为当时玄学的代表作。张君劢认为，因为逻辑公例不能解释社会的事实，人事心灵往往出于因果律之外，形下学不能让人满意，所以人们求之于形上学，这就是形上学（玄学）流行的原因。张君劢还把这个形上学蓬勃的时代名之为"新玄学时代"。②杜里舒就是"新玄学时代"的代表人物。

张君劢认为近数十年来，欧洲的思潮发生了一个转变，过去形上学被摒弃而现在又重新复活，许多哲学家转向了对形上学的研究，"自康德以来，形上学不能成立之说，若久成定论，孔德辈之实证主义者，尤鄙弃形上论，乃近数十年来，潮流大变，昔之所摈斥者，今且有复活之势，如柏格森则有形上学序论之作，倭铿书中'转向形上界'（Wendung Zur Metaphysik）之语，尤屡见不一见，呜呼！此非科学与形上学本身之得失问题，乃人心之转移为之也。……杜氏形上学的主张之坚强，有出柏氏倭氏上者，以科学家而为此论，斯亦奇矣。"③张君劢强调杜里舒以科学家而研究形上学，更是反映了欧洲思潮向形上学的转变。

杜里舒原来是个科学家，是研究动物科学的，而后转向研究哲学。杜里舒的这种转换经历，正好可以帮助张君劢说明科学对很多问题是不能解决的，最终都必须用形上学来说明。张君劢不失时机地举了杜里舒从科学到形上学这个例子："且在君所举杜里舒柏格

---

① 张君劢,丁文江,等. 科学与人生观 [M]. 济南: 山东人民出版社, 1997: 98-99.

② 张君劢,丁文江,等. 科学与人生观 [M]. 济南: 山东人民出版社, 1997: 100.

③ 1922年2月《改造》四卷六号。

森二人，皆深于科学者也。杜氏研究试验胚胎学几二十年，乃创所谓生机主义。柏氏尽读巴黎大病院之心理诊断书及五年之久，而后《物质与记忆》一书成。两君用功之深邃如此。惟其不甘于经验界而已足，乃由经验而入于形上界。"①杜里舒由科学而转向形上学，这正好为张君劢提供了一个事实佐证，科学不是万能的，只有形上学才能最终解决人类的问题。

在研究哲学的过程中，杜里舒开始是研究秩序论的，而后又转向了研究实在论，即本体论的形而上学。杜里舒在《实在论》的开头就说，研究了秩序论，此秩序概念之"自然界""灵魂"等都为"未解决之问题"，所以要"问其本体上如何"，就必须进入形上学。②那么杜里舒的这种观点就为张君劢所吸收，张君劢在《人生观论战·序》中说："超于科学之上，应以形上学统其成"，"人类活动之根源之自由意志问题，非在形上学中，不能了解"，也就是说人类问题最终都必须由形上学来解决。③

对于张君劢吸收杜里舒的思想，科学派人物进行了批判。如丁文江在《玄学与科学》中认为玄学派喜欢谈玄学，是因为一种懒惰心理。他套用顾亭林批评好言"心性"者之语，讽刺玄学派："今之君子，欲速成以名于世，语之以科学，则不愿学；语之以柏格森杜里舒之玄学，则欣然矣。以其袭而取之易也。"④在《玄学与科学——答张君劢》中丁文江再次讥讽张君劢："玄学鬼看见科学要打他，连忙的去找了几篇文章来当经咒念，做护身符。先找到了在北京的杜里舒，

---

① 张君劢,丁文江,等.科学与人生观[M].济南:山东人民出版社,1997:120.

② 杜里舒.形上学[M]//杜里舒讲演录:第十期.上海:商务印书馆,1923:1–3.

③ 黄克剑,吴小龙编.张君劢集.[M].北京:群言出版社,1993:72.

④ 张君劢,丁文江,等.科学与人生观[M].济南:山东人民出版社,1997:59.

85

教了他一大段的经……"。①

吴稚晖也反对张君劢对杜里舒学说的引用，在《一个新信仰的宇宙观及人生观》一文中，他批判张君劢的灵魂论，反对杜里舒的"隐德来希"之说。他讽刺道："至于'隐德来希'名目的混成，纵然还逊于我们苏州的'像煞有价事'一筹"，认为"隐德来希"并不高明。②杜里舒"一方面将'隐德来希'同物质'争持'，成立个二元论；一方面又说'隐德来希'之意欲，即要机体构成'。隐德来希是'初式'构的，'心是次式的'。呀呀！隐德来希既被机体构出来的，还要同爸爸（物质）争个二元，真傻小子。"③他批评杜里舒一方面将"隐德来希"与物质对立，一方面又认为"隐德来希"之意欲由机体即物质构成，这是一个矛盾。

这些讽刺和批评正好从反面说明张君劢确实受到了杜里舒的影响。

此外，多次陪同杜里舒并承担杜里舒演讲翻译的瞿世英也在《晨报副刊》连载了其《人格与教育》的文章，支持玄学主张。瞿世英也反对机械人生观，批判机械、不自主的人生态度。瞿世英认为机械主义不但长期以来影响了时代人生观，也影响了教育学、经济学、伦理学等。他提出在承认人有自由意志、自由意志是重要的创造力的基础上进行教育改革，从根本上破除机械主义的基础，而建立自由的人生哲学和教育哲学，使人能够发挥自由意志，实现人生自由。瞿世英在吸收杜里舒生机主义学说的基础上、提倡一种积极的生机人生观。

---

① 张君劢, 丁文江, 等. 科学与人生观 [M]. 济南: 山东人民出版社, 1997: 209.

② 张君劢, 丁文江, 等. 科学与人生观 [M]. 济南: 山东人民出版社, 1997: 351.

③ 张君劢, 丁文江, 等. 科学与人生观 [M]. 济南: 山东人民出版社, 1997: 351.

张君劢、瞿世英等从杜里舒的学说思想中吸取了自由意志、进化论、形上学等观点以及其经历，认为人生观是主观的，没有公例可求，是科学解决不了的，只有形上学才能最终解决人生观问题。从而主张摆脱物质文明的束缚，追求精神自由，提倡个性自主，鼓舞思想解放。这部分地纠正了当时科学万能主义的偏颇，提供了一种新的人生哲学理论；也有利于打破封建束缚，发扬民众的自主精神。但是，这与"五四运动"的科学精神是直接对立的，在客观上贬低了科学，否认了历史发展的客观规律。"玄学"人生观最终也解决不了中国的现实问题。

2. 杜里舒与近代中国的时代精神

20世纪20年代，中国还处于内忧外患的深重民族灾难之中，广大人民群众还被旧的封建伦理观念所束缚，中国知识分子正在寻找救国的道路与唤醒民众的方法。此时，杜里舒带着一套不同于中国旧的封建思想观念的生机主义哲学观点来到中国，这种生机主义反对传统"机械论"、主张生物有自主协调性，这正契合当时中国的现实需要。于是以瞿世英（笔名菊农）为代表的中国知识分子就把眼光投向了生机主义，把它与中国现实结合起来，从中阐发出适于中国国情的时代精神，以打破人们思想上的枷锁，唤醒国民的自主性与反抗精神。

在杜里舒来华讲学期间，瞿世英曾长期陪同，多次担任翻译，并参与了《杜里舒讲演录》的整理出版工作，对杜里舒学说颇有研究。通过对杜里舒学说的全面了解，瞿世英在1923年4月《东方杂志》第二十卷第八号即"杜里舒号"上发表了两篇文章——《杜里舒哲学之研究》和《杜里舒与现代精神》。

瞿世英提出，哲学思想与文学思想最能表现时代精神，在当时的哲学方面，柏格森、倭铿、詹姆斯是时代精神的代表者。他认为，通过比较杜里舒与这三人的哲学观就可以看出杜里舒与时代精神的关系。通过分析杜里舒的哲学，并与柏格森、欧根、杰姆士三人相比较，瞿世英得出一个结论，即"时代精神之果不磨灭也"①。杜里舒也同样代表了时代精神，杜氏与三人有三方面相同点："一，反对机械主义，二，承认形上学，三，以理知为不够而主张直观。"②而这三方面是顺应了时代的，是一种积极的时代精神。正因为杜里舒在这三方面与之相同，所以说杜里舒是"现代精神的产物，是现代精神的代表。"③

杜里舒的生机主义从生物学出发，上升到一种哲学理论。瞿世英以此推及到人类社会，并与中国现实相结合，从生机主义学说中阐发出了生机主义的时代精神。

杜里舒的生机主义证明：每一细胞都可以发达成一全体。那么将此推展到人类，"每一个体在宇宙中，每一个人在社会里都可以对于全体有贡献，并且是个人的责任况且都有平等的可能。"④由杜里舒的这一生机论出发，瞿世英认为每一个人就像细胞一样，都有可能并且都有责任对全社会做出贡献。个人是有力量的，也是有责任的，他鼓励人们应该舍己为国，贡献自己的力量，主动去承担责任。

杜里舒还证明：细胞的发展并不是由于机械的动因，而是由于

---

① 瞿世英. 杜里舒与现代精神 [J]. 东方杂志, 1923 (04).

② 瞿世英. 杜里舒与现代精神 [J]. 东方杂志, 1923 (04).

③ 瞿世英. 杜里舒与现代精神 [J]. 东方杂志, 1923 (04).

④ 瞿世英. 杜里舒与现代精神 [J]. 东方杂志, 1923 (04).

内在的动因，即"隐德来希"，所以"自由意志是可能的"①。将之运用到人类社会，每个人都有自由意志，每个人都有内在动力。由此，他鼓舞人们要摆脱束缚，打破枷锁，要追求个性自由，开拓进取，充分发挥自己的主动性。

瞿世英把杜里舒提出的这个协和的系统解释成一种细胞的协和精神，由此推及到人类，他认为人类也有这样一种团结协和的精神。瞿世英说，宇宙间的事当一部分不能担当时，其余部分是可以也是应该担当的。由此，瞿世英主张人们应该团结一致，互相协调，共同奋斗，担当起救国的责任。

瞿世英得出结论："超人格"不是幻想，可以成为事实。所谓"超人格"是指一全体，即人类整体如宇宙、国家、家庭等理想的实现。他认为："宇宙间什么事都可以否认，惟独人格不能否认。"②他倡导人们应当牺牲小己，共同努力，全体奋斗，发扬生机主义的精神，从而实现"超人格"。

受当时"科学与人生观"论战的影响，瞿世英结合中国现实国情深入思考了人生观的问题。他认为文艺复兴以来的现代西方文明的精神是机械主义和个人主义，而"现代的悲哀，人生的烦闷，文化的停滞都是由西方文艺复兴的两种精神所酿成。"③那么如何来改变这种状况呢？瞿世英就从杜里舒的生机主义学说中汲取思想，以此反对机械人生观，提倡一种积极的生机主义的人生观。

瞿世英指出，19世纪以来，由于物理化学极为发达，于是生物学也受了物理化学的影响，以为生机体的构成就像机械一样，由物

---

① 杜里舒.生机体之哲学[M]//杜里舒讲演录:第一期.上海:商务印书馆,1923:17.

② 瞿世英.杜里舒与现代精神[J].东方杂志,1923(04).

③ 张君劢,丁文江,等.科学与人生观[M].济南:山东人民出版社,1997:41.

理化学的元素合成，可以用物理化学原理来解释。生物的结合也由外力造成。这种机械主义的主张认为有生物与无生物相同，"若再推到人生上，那就更危险了。人生岂不是机械化了么？"[1]"如若人生果然是机械的，确然亦只有安于机械的人生观了"。[2]他批评"机械人生观"是危险的、落后的，与时代精神相悖。而杜里舒的生机主义正好是反对机械主义的，所以他对杜里舒的反"机械论"十分赞赏，"记得从前读柏格森反对机械论的话，已自赞赏不止。现在杜里舒更确确实实的证明机械说之不可通，用科学来打倒他，真可以说是以子之矛攻子之盾了。生机体的进化，果然是隐德来希的，不是机械的呵！杜里舒对于哲学的大贡献，那得不令人拍案叫绝呢。"[3]瞿世英高度赞扬杜里舒对"机械论"的反对，提倡一种与之相对的、自主自由的生机论。机械主义人生观认为人受"机械律"的支配，没有自主性，只能安于现状，这与当时中国的时代精神相背离。而生机主义人生观与机械主义人生观正好相反，主张人不受机械律的支配，人有自主性，有创造性。杜里舒反对机械主义，提倡生机主义。瞿世英将之与中国国情相结合，反对机械人生观，倡导生机人生观。批判机械、不自主的人生态度。

瞿世英认为哲学的效用就是要形成合适的人生观。"哲学不是别的，只是人生观。哲学的效用就是要养成适当的人生态度，为人生观寻求一合理的根据。"[4]根据杜里舒的生机主义哲学，瞿世英主张人们一定要反对机械主义的人生观，因为用"机械观"解释人

---

① 瞿世英.杜里舒与现代精神[J].东方杂志，1923（04）.

② 瞿世英.杜里舒与现代精神[J].东方杂志，1923（04）.

③ 瞿世英.杜里舒与现代精神[J].东方杂志，1923（04）.

④ 瞿世英.杜里舒与现代精神[J].东方杂志，1923（04）.

生，以为人生受"机械律"的支配，把人当机器，那么人就无所谓发展，更没有了创新，人生也就失去了兴趣和理想，这样的人生没有希望、没有意义，"这样的人生方算得悲惨黑暗堕落呵！"①而当前的事实更让人不能承认这种人生观，当前的时代需要人的主动性与创造性，需要人去奋斗、去创新，因而瞿世英倡导人们要形成一种主动的、自由的生机主义式的人生观。

可以看出，瞿世英在深入把握杜里舒学说的基础之上，将其生机主义理论与中国的现实相结合，吸取了其中的生物细胞趋向全体性、自由自主性、相互协调性等观点，并且把它推展到人生观之上，为了解决中国的现实问题，阐发出一种时代精神，主张建立这样一种生机主义的人生观。当然这不免有功利心态之嫌，从生机理论到生机主义的人生观也有些牵强。但是在当时的现实条件下，中华民族需要觉醒，中国民众需要自主。瞿世英借此宣扬一种自主的、积极进取的人生观，激励人们发扬自主性，主动承担责任，发挥自由意志，团结协调，舍己为国，全体奋斗。这是具有进步性的，它对于20世纪前期中国的思想和革命运动有着启蒙和实践指导作用。

此外，瞿世英作为一个教育学家，他也将杜里舒生机主义学说应用到他的早期教育思想中。瞿世英吸收了杜里舒的生机主义学说，在其教育哲学中强调人格自由、个性、自由意志，反对机械主义，重视教育与时代精神相结合。瞿世英认为人是生机体，主张教育的中心理想是自由。承认生活是有目的的统一体，人有自由，人也有道德责任，承认道德上自由的个人。教育可以培养受教育者辨

---

① 瞿世英.杜里舒与现代精神[J].东方杂志,1923(04).

别什么似乎束缚，以及怎样摆脱束缚而获得自由，教育还可以帮助受教育者进行积极的创造。为了实现自由就要解除束缚，如人受自然规律的约束，但人是自由的主体，有自由的意志，可以摆脱自然的束缚。人还要摆脱权威的束缚，在政治、经济、宗教等方面都要以人为目的。要摆脱过去思想的束缚，不能被历史所禁锢。要解除欲念的束缚，实现道德的自由。生机主义中的自由观成为瞿世英教育思想的重要基础。

3. 杜里舒与中国的生机史观

　　20世纪20年代，中国史学界正处于更新换代、新陈代谢的时期。新文化运动有力地批判了封建旧文化，对旧的史学思想也进行了一次洗礼，史学家开始重新界定历史的研究对象与研究范围，重新认识史学的功能与历史研究方法。"五四运动"后，民主与科学思潮汹涌澎湃，史学领域更是活跃与繁荣，不断吸收着来自西方的各种新思想。这时候杜里舒正好来到中国，并作了《历史之意义》《生机体之哲学》等演讲，宣传自己的生机主义历史观，其讲演被翻译成中文并刊登在各大报刊上，广为传播。这引起了中国史学界的注意，以朱谦之为首的史家就吸收了杜里舒的新生机主义观点，用之解释历史，形成了"生机史观"这一新的史学流派，在近代中国史坛绽放了一丝光彩。

　　朱谦之阅读了《杜里舒讲演录》的大部分内容，接受了杜里舒的生机主义学说，并将之作为自己历史哲学的理论依据，1926年出版《历史哲学》、1933年出版《历史哲学大纲》、30年代出版《现代史学概论》等有关历史哲学的著作，倡导生机史观。

朱谦之的生机史观受杜里舒影响极深，其理论依据就是杜里舒的生机主义学说。他的历史哲学中关于新的历史"意义"、历史方法、历史观等体系都建立于生机主义基础之上。杜里舒的生机主义正是朱谦之的生机史观的灵魂。所以他在《历史哲学》一书的"序"中说："我最感激的，是新生机主义者杜里舒、柏格森、麦独孤、鲍尔文等，都有很多的借重。"[①]

（1）生机主义的历史意义观

朱谦之吸取了杜里舒生机主义中的"进化"与"积叠""智识线"等观点来解释其"历史意义"，对历史的定义作了新的界定。

朱谦之吸收了杜里舒关于历史之意义的观点，认为从来还没有一种严正意义的历史科学：过去的旧历史把政治看得过重，新历史家则把历史看成是人类活动的事迹，这都缩小了历史的范围。他运用杜里舒关于历史发展的生机主义观点，提出了对历史的新的界说，认为历史是有好几层意义的："（其一）历史是叙述进化的现象的"；"（其二）历史是叙述一种生机活泼的动物——人类——的进化现象的"；"（其三）历史是叙述一种生机活泼的动物——人类——在智识线上的进化现象的"；"（其四）历史是叙述一种生机活泼的动物——人类——在智识线上的进化现象使我们明白我们自己同人类的现在及将来。"[②]

---

① 朱谦之. 历史哲学 [M] //黎红雷编. 朱谦之文集: 第五卷. 福州: 福建教育出版社, 2002: 3.

② 朱谦之. 历史哲学 [M] //黎红雷编. 朱谦之文集: 第五卷. 福州: 福建教育出版社, 2002: 6–12. （参见朱谦之. 现代史学概论 [M] //黎红雷编. 朱谦之文集: 第六卷. 福州: 福建教育出版社, 2002: 8–13. ）

朱谦之认为过去的史家把历史当作人物传，现代史家又太看重历史之社会的经济的解释，埋没了历史的意义。杜里舒的演讲启发了他，让他懂得历史真正的意义应该从生物的进化方面来看。"杜里舒（Driesch）在南开大学讲演，实在给我许多的教训，使我知道历史之意义，应该从生物学之进化的解释。他说：'欲论历史之意义，不可不知意义二字之作何解释，……凡变化情形之有目的者，是为有意义。……二者之变化同也，然一则为物理的变化，故彼此之堆积为总和的。试分析言之，有特点三：山石堆砌而彼此并无关系，一也……以言乎蛙，则为生机体的变化亦有特点三：求达于最后之全体一也……吾人更以简单之名表之，山脉之变化为总和的，为偶然的因素所合成。至于生机体之变化，则为全体的，彼此互有关系，而其动因则不能求之于元素之间也——变化之为总和的，偶然的，吾人名之曰'堆积'，其为全体而有互相关系者，吾人名之曰'进化'。于是所谓历史之意义者决之于历史之为堆积的抑为进化的而已。'这'堆积'和'进化'两个名词，实在是杜里舒对于历史哲学的最大贡献，不但为'进化'之概念重新估定一番，下一次新定义，更为混杂的历史寻出一条新路来。"①朱谦之引用了杜里舒《历史之意义》演讲中关于历史是"堆积"的或"进化"的一大段话，主张历史应该研究"进化的"现象，而不是"堆积的"现象。

他极为看重"堆积"和"进化"两个名词，认为"进化"是杜里舒对历史的最大贡献。他主张历史不是陈陈相因的，而是进化的，人类是永远向上的，这种进化不能用达尔文主义解释，"而应

---

① 朱谦之. 历史哲学 [M] //黎红雷编. 朱谦之文集：第五卷. 福州：福建教育出版社，2002：6-7.（参见朱谦之. 现代史学概论 [M] //黎红雷编. 朱谦之文集：第六卷. 福州：福建教育出版社，2002：8.）

该把柏格森（Bergson）杜里舒的'新生机主义'（Neo-vitalism）来讲明。"①他赞同杜里舒的新生机主义，认为生物自身就有一种生机力，这种生机力"向上自由发展，自创新的形状，这是进化的根本原因"。②正是生物内部的生机力导致了进化。历史的进化也是由于历史内部的动因。

像杜里舒把历史的进化归之于"智识线"一样，朱谦之尤其强调说明"智识线"对历史意义的重要性。朱谦之使用的"智识线"这一名词来源于杜里舒，对于"智识线"的解释也与杜里舒如出一辙。他在解释"智识线"时就引用了杜里舒在《历史之意义》演讲中的五段话："杜里舒在南开大学的讲演里，说得最好，用不着我再说了。'谓世界人种之分立，有关于进化耶？以吾人所见，人种之发达虽殊，然无特别之差异。……然则历史上之大人物，其种种行为，能构成一进化线耶？……由上所言观之，大人物也，民族也，国家也，皆与进化之义无涉，何也？凡散见于大地而属空间的者，皆以非全体性参什其间，既非全体矣，尚何进化可言？诚如是，地球上人类历史中，果无进化之可言乎？曰：不然，变化之为进化者独智识线（wissenlinie）而已。……若夫种族政治，有此疆彼界之分，而独此一端，则为人类共享之公器，故吾以为欲求所谓进化线，舍知识莫属焉。……然特创者固不可多得，而有功与传播或

---

① 朱谦之. 历史哲学［M］//黎红雷编. 朱谦之文集：第五卷. 福州：福建教育出版社，2002：7.（参见朱谦之. 现代史学概论［M］//黎红雷编. 朱谦之文集：第六卷. 福州：福建教育出版社，2002：9.）

② 朱谦之. 历史哲学［M］//黎红雷编. 朱谦之文集：第五卷. 福州：福建教育出版社，2002：7.（参见朱谦之. 现代史学概论［M］//黎红雷编. 朱谦之文集：第六卷. 福州：福建教育出版社，2002：9.）

采纳者，要亦合与前所谓学说之传播之全体性，故知识之授受者，虽概以归诸进化之列可焉'。"①像杜里舒一样，他认为那些政治上的人物并不在"进化史"之列，民族、国家也与进化无关。只有那些在"智识线"上的思想家才是进化史中的人物。

杜里舒的历史哲学，最终归于"智识线"的进化，又把人类社会之心理的原因作为智识线进化的原因，对此朱谦之深表赞同，"这一点实在我完全赞同没有疑义。"②

（2）生机主义的历史哲学方法观

朱谦之吸收杜里舒哲学的"全体性""生命自主"与"隐德来希"等概念与理论，从而以生物学的方法作为其历史哲学方法。

朱谦之充分吸收了杜里舒的生机主义哲学观。首先他以杜里舒的生机主义为依据，说明为什么要采用生机主义观来作为其历史哲学方法。"杜里舒告诉我们，历史的意义是决之于历史是'堆积'的，抑为'进化'的？前者是物理的变化，后者是生机体的变化，所以历史必须像自然界的蛙卵一般，合于生机主义，而后才有历史的意义可言，这更可见历史哲学应该以新生机主义的生物学说为根据，对于历史现象，将来永远不能有机械的解释了。"③正因为历史是进化的，是生机体的变化，所以历史要合于生机主义，才有意义。

① 朱谦之. 历史哲学 [M] //黎红雷编. 朱谦之文集：第五卷. 福州：福建教育出版社，2002：9–11.（参见朱谦之. 现代史学概论 [M] //黎红雷编. 朱谦之文集：第六卷. 福州：福建教育出版社，2002：11.）

② 朱谦之. 历史哲学 [M] //黎红雷编. 朱谦之文集：第五卷. 福州：福建教育出版社，2002：10.（参见朱谦之. 现代史学概论 [M] //黎红雷编. 朱谦之文集：第六卷. 福州：福建教育出版社，2002：12.）

③ 朱谦之. 历史哲学 [M] //黎红雷编. 朱谦之文集：第五卷. 福州：福建教育出版社，2002：24.

然后，朱谦之运用杜里舒反对"机械论"、提倡生机论的三个重要证据说明：只有生物学的方法才是可行的，而"机械论"的方法是不可行的。"在这里我们应该注意生物学的方法，怎样和机械主义不同，依杜里舒学说：第一，生物是发生的……第二，生物有复生的现象……第三，从生物的行为心理而论，也不是机械的方法所能解释的……。"①正因为这三个原因，说明机械主义方法不能解释历史，生物学的方法才是有根据的。

　　什么是生物学的方法呢？朱谦之指出，就是"以生机体的进化为主的历史方法"②。生物学的方法有两个特点：全体性与生命自主。这两个特点也正是杜里舒生机主义的两个重要概念，杜里舒正是通过海胆细胞实验，证明细胞具有趋向全体性与自主性而得出了生机主义的结论，这正好被朱谦之用来说明其生物学方法的特点，"关于这层，杜里舒教授尝从物质上，精神上，来证明人类是具全体性的。从物质方面讲，人类是一代一代相传下去的物种相传，因而有变化，有血统，这可说是全体性的一种象征。然还有更重要的，却在精神方面。他曾举几个特征如下：（Ａ）文字和语言……（Ｂ）新理想的同时发明……（Ｃ）学说授受……（Ｄ）道德的自觉性……（Ｅ）职业的协和……（Ｆ）目的与结果相反……（以上见杜里舒《系统哲学》《生机体之哲学》《实生论大旨》等）。"③朱谦

---

① 朱谦之. 历史哲学 [M] // 黎红雷编. 朱谦之文集：第五卷. 福州：福建教育出版社，2002: 25.

② 朱谦之. 历史哲学 [M] // 黎红雷编. 朱谦之文集：第五卷. 福州：福建教育出版社，2002: 25.

③ 朱谦之. 历史哲学 [M] // 黎红雷编. 朱谦之文集：第五卷. 福州：福建教育出版社，2002: 26.

之运用杜里舒对全体性和生命自主论的论证，来证明历史也是全体性的，是自主的，从而说明他把生物学方法运用在历史上是合理的。

朱谦之指出生物学的方法有三种："（一）发生的，（二）心理的，（三）社会的。"①其中的第一个"发生的"方法，就是把生物学研究有机体发生各时期的使用过的方法应用到历史学科上。朱谦之所谓发生的方法就是把杜里舒关于"隐德来希"（或称为"极素"）的观点用来解释历史发展的动力。

朱谦之认为，"他（指杜里舒）最大的功绩，就是发生学上告诉我们生物发生的原因，究竟是什么？"②他解释了杜里舒生机主义中的"极素"（或称"隐德来希"）：生物有生物的特别自主律，所以不能由空间的物理的因子来决定，应当由一种复杂的超时间空间的不可验的动力（agent）来决定，这个动力就是"极素"（entelethy）。"极素"是有目的的，"以全体为依归"的，一切有机体的行为如本能的发动和复生现象，都是由于"极素"的作用。③

那么人类历史的发展变化是怎样发生的呢？朱谦之认为这也与杜里舒所研究的生机主义一样，人类历史的发展有一种内在的动力，这种动力不是机械的，而是像"极素"那样的非机械的、趋于全体性的一种动力。他把杜里舒解释生物发展变化的生机主义推及到人类历史的发展之上，"在这一点上，我敢说唯有杜里舒的新

① 朱谦之. 历史哲学 [M] //黎红雷编. 朱谦之文集：第五卷. 福州：福建教育出版社，2002：28.

② 朱谦之. 历史哲学 [M] //黎红雷编. 朱谦之文集：第五卷. 福州：福建教育出版社，2002：30.

③ 朱谦之. 历史哲学 [M] //黎红雷编. 朱谦之文集：第五卷. 福州：福建教育出版社，2002：31.

生机主义，能够看到人类基于内在的神，这就是'生活行历的自主'的学说了。并且在他的指导之下，使我知道历史是为那非机械的'极素'所支配；换句话说，就是说历史的发达（系统发生的变化），是向着一种内在底目的的，是'以全体为依归'的。"①他把杜里舒所谓的"极素"用来说明历史最终发展的动力在于一种非机械的力，一种历史内在的动力，一种趋向全体的目的。

（3）重视生机主义在历史哲学发展史上的地位

在论述历史哲学本身的发展史时，朱谦之将其划为四个时期：宗教的历史时期即神学史观期，自我的历史时期即形而上学史观时期，社会或科学的历史时期即科学史观时期，综合的历史时期即综合的生命的历史观时期。历史哲学顺着这四个时期不断进步。朱谦之将杜里舒划入第四个时期，即综合的历史时期或称为综合的生命的历史哲学时期。他认为杜里舒是这个时期的一个代表人物，是生机史观的集大成者，"然而真正以新生机主义解释历史者，却不能不推到现代以实验海胆（seegeleier）著名的Hans Driesch。他实在给我许多的教训，使我知道历史之意义，应该以生物学之进化论的解释。"②

朱谦之在《历史哲学大纲》中叙述历史哲学本身发展史各个时期的概况时，就以杜里舒的历史哲学作为结尾。杜里舒是《历史哲学大纲》一书最后一章最后一目的最后一个代表人物。他将杜里舒作为生命主义历史哲学的最新代表者。

---

① 朱谦之. 历史哲学 [M] //黎红雷编. 朱谦之文集: 第五卷. 福州: 福建教育出版社, 2002: 32.

② 朱谦之. 历史哲学之大纲 [M] //黎红雷编. 朱谦之文集: 第五卷. 福州: 福建教育出版社, 2002: 257.

　　朱谦之还指出，杜里舒与这一时期其他人相比，其观点有一些更合理的地方。例如："Bergson、Driesch均不一定承认历史法则，然而他们也很注意到'未来历史之目的，在求历史中进化的符号，要如此，历史才能自成一种科学'（《生机主义史》附录）。可见和那单纯提倡'价值哲学'来讲历史的理论圆满多了。"①杜里舒能够注意寻求历史发展中的规律，这是朱谦之表示赞同的。另外"Driesch在《生机主义史》附录里，有一段批评他们的话道'谓历史以价值为标准，这也是好的，但不能说是科学。假使这便是历史最后的话，则历史便变成许多珍奇之事物的集合，最多只有了道德的价值而已'"。②杜里舒批评西南学派过于重视价值，而忽视了历史的规律，朱谦之认为杜里舒在这一方面比西南学派更为合理。

　　另外，朱谦之在接受杜里舒历史哲学主体思想的基础上，也对杜里舒哲学中一些观点提出了批评。他认为，杜里舒一方面主张历史应该从进化的解释，一方面又说人类历史只有一例，不能比较，人类是否进化永久是历史上的疑问。"这就是他顶不彻底的地方了。"③杜里舒对于历史是否有因果律也还不肯定，"与他的秩序论自相矛盾。"④这些批评确实击中了杜里舒历史哲学中的一些矛盾的地方。

①　朱谦之. 历史哲学之大纲［M］//黎红雷编. 朱谦之文集: 第五卷. 福州: 福建教育出版社, 2002: 231.

②　朱谦之. 历史哲学之大纲［M］//黎红雷编. 朱谦之文集: 第五卷. 福州: 福建教育出版社, 2002: 231.

③　朱谦之. 历史哲学之大纲［M］//黎红雷编. 朱谦之文集: 第五卷. 福州: 福建教育出版社, 2002: 259.

④　朱谦之. 历史哲学之大纲［M］//黎红雷编. 朱谦之文集: 第五卷. 福州: 福建教育出版社, 2002: 259.

朱谦之将杜里舒的生机主义运用到历史研究领域，创造了生机史观。对此，当时的一些史学家持反对态度。例如何炳松认为，人类所组成的历史社会与纯粹生物是不同的，"前者具心理上之性质而后者则具生理上之性质是也。生物学之方法所能研究者，生理现象而已，非心理现象也。生物学方法在史学上所以为似而非是、偏而不全之方法者此也。"[1]正因为生物与社会有根本不同，所以就不能用生物学上的方法和定律来解释历史。何炳松的批评不无道理，生物学上的原理不能真正解释历史发展的原因，朱谦之用生机主义解释历史的生机史观有一定局限性。

20世纪初期，中国的封建史学已陈腐不堪，民主与科学思潮要求中国史学界打破旧的封建史学。此时代表了希望与活力的各种西方思潮不断传入中国，杜里舒的生机主义被朱谦之所吸收并由此建立了生机史观，这顺应了当时的历史潮流。而且，20世纪20年代中国史坛学派林立、众流竞进，新的中国史学正处在酝酿与发展过程中，生机史观无疑为当时的史坛增添了色彩。另外，生机史观中关于"进化"与"堆积"等观点，认为历史是进化的，对当时正处于内压外迫、贫穷落后、需要向前发展的中国来说有一定进步性。当然，正如何炳松所批评的，生物与人类历史社会毕竟不同，以生机主义的观点来比附人类历史，也不恰当。

另外，梁启超的史学理论也曾受杜里舒的影响。梁启超的历史哲学本来建立在进化论基础之上，但其后他对此又有了动摇，对进化史观进行了修正。这其中他就参考了杜里舒的学说，缩小了关于进化的范围。梁启超在《研究文化史的几个重要问题》中曾阐

① 刘寅生，房鑫亮编. 何炳松文集（第四卷）[M]. 北京：商务印书馆，1996：86–87.

述了其关于对进化论的修正："可见物质文明这样东西，根柢脆薄得很，霎时间电光石火一般发达，在历史上原值不了几文钱。所以拿这些作进化的证据，我用佛典上一句话批评他：'说为可怜愍者。'现在讲学社请来的杜里舒，前个月在杭州讲演，也曾谈到这个问题。他大概说：'凡物的文明，都是堆积的非进化的；只有心的文明，是创造的进化的。'又说：'够得上说进化的只有一条'智识线'。'他的话把文化内容说得太狭了，我不能完全赞成。虽然，我很认他含有几分真理。我现在并不肯撤消我多年来历史的进化的主张，但我要参酌杜氏之说，重新修正进化的范围。我以为历史现象可以确认为进化者有二：一、人类平等及人类一体的观念，的确一天比一天认得真切，而且事实上确也著著向上进行。二、世界各部分人类心能所开拓出来的'文化共业'，永远不会失掉，所以我们积储的遗产，的确一天比一天扩大。"[1]可以看出，杜里舒认为物质文明不是进化的，是堆积的，梁启超也认为物质文明在历史上不是进化的。杜里舒认为进化的只是"智识线"，梁启超认为其关于文化的范围太狭窄，不完全赞成，但还是"认他有几分真理"，从而"参酌杜氏之说，重新修正进化的范围"，梁启超把进化的范围确定在"人类平等及人类一体的观念"与"文化共业"之上，而其中的"文化共业"就与杜里舒的"智识线"如出一辙，只不过梁启超在杜里舒进化观的基础之上再加上一个"人类平等及人类一体的观念"。可见，梁启超参考了杜里舒关于人类历史的观点而修正了其进化历史观。

---

[1] 梁启超. 研究文化史的几个重要问题 [M] // 梁启超. 饮冰室合集: 文集40. 北京: 中华书局, 1989: 5.

4.杜里舒与康德哲学、欧洲哲学在近代中国的传播

　　杜里舒高度重视康德哲学的历史地位，他自己的哲学思想受康德影响很大，他与康德又同系德国人，在讲学过程中，自然而然地会关注到康德，在华期间，就多次作了关于康德哲学的专题演讲，介绍了康德哲学的内容及历史地位。另外杜里舒也较详细介绍了近代欧洲哲学的潮流及其各流派代表人物的思想观点。

　　1923年他在北京曾讲演"近代哲学史"，此演讲共分25讲，其中7讲是讲康德的，较为详细地介绍了康德哲学的内容，强调了康德哲学在欧洲哲学史上承前启后的地位，其他各讲则讲述了近代欧洲哲学各流派及其代表人物的思想。这个主题的演讲在1923年3月、4月、5月、6月、8月的《时事新报》的副刊《学灯》上都进行了刊登，还收录在《杜里舒讲演录》的第五期至第十期中，传播广泛。

　　1922年他在南京作了题为"康德与近代哲学潮流"的演讲。此次演讲一开头就提出来认识论是"二百年来哲学界之重大问题"，

三
杜里舒来华对近代中国的影响

而认识论问题到康德时期成为"中心问题"①。然后他以认识论为切入点，就康德哲学及近代欧洲哲学潮流作了18次演讲。1922年11月至1923年1月的《学灯》对此进行了连载，《杜里舒讲演录》的第一、二、三、四期收录了其全部演讲内容。

杜里舒在演讲中高度评价了康德的地位，认为康德与亚里士多德是欧洲哲学界的两大人物。康德为哲学界的中心，赞成者受其正面影响，反对者受其负面影响。杜里舒分别讲述了康德以前之认识论、康德的认识论、康德之后的哲学、最近哲学的潮流。

此外杜里舒还介绍了当时的内在哲学、实证主义、实用主义、胡塞尔的现象学、柏格森形上学的直觉等等。

1923年，杜里舒在北京又作"康德以前之认识论及康德之学术"的演讲，其演讲内容与"康德与近代哲学潮流"之演讲类似，使康德哲学在中国的流传更广。杜里舒在中国不同城市多次发表相关演讲，对康德哲学以及欧洲哲学潮流进行了分门别类的介绍，向中国知识界普及了有关康德哲学的内容和欧洲哲学的主要流派、主要代表人物及其观点，引发了中国知识分子对康德哲学和欧洲哲学的兴趣并获得了基本认识，为中国知识界进一步了解、研究、引进欧洲哲学打下了基础。曾经经历过那一时期的哲学家贺麟先生在《康德、黑格尔哲学在中国的传播——兼论我对介绍康德、黑格尔哲学的回顾》中说："首先需提一下德国哲学家杜里舒（H. Driesch）继杜威、罗素之后，在一九二二年来中国讲学。杜里舒是唯心主义生机论者（Vitelist）。他到中国后，在张东荪和张君劢

---

① 杜里舒. 康德与最近哲学潮流 [M] // 杜里舒讲演录: 第一期. 上海: 商务印书馆, 1923: 1.

的支持下，大量贩卖柏格森以来的进化论和生机论学说。一九二三年，他在北京曾经作了一次'康德以前之认识论及康德之学术'为题的讲演，当口译者是张君劢。他在这次讲演中，共讲了四个部分：（一）康德以前之哲学，（二）康德哲学，（三）康德后继之哲学，（四）现代哲学潮流。演讲稿曾发表在《文哲学报》第三期、第四期上。他这次讲演对康德在中国传播是有一定影响的。一九二四年，也就是他讲演后一年，《学艺》杂志六卷五期出了康德专刊，收录十五篇论述康德的文章……"①贺麟先生肯定了杜里舒对"五四运动"后康德哲学在华传播高潮的促进作用。

杜里舒对康德哲学、欧洲哲学的介绍与宣传，引起了知识界对康德哲学、欧洲哲学的更多关注，许多学者通过杜里舒的演讲进一步扩展和深化了对欧洲哲学的认识，尤其是更深入地了解了康德，也开始重视康德。正是由于杜里舒关于康德哲学的讲演，促进了康德哲学在中国传播高潮的出现。杜里舒讲演后的一年也就是1924年，康德哲学的在华传播就达到了高潮。1924年《学艺》杂志出版了《康德专刊》，其中有15篇关于康德哲学的文章。1925年，借纪念康德诞辰二百周年之机，《民铎》杂志出版了《康德专号》，又收录了论说康德哲学的15篇文章，全面介绍了康德哲学。

五四运动之后，中国国民的封建桎梏被进一步打破，思想界更为开放，西方学说以更大规模涌入，西方哲学思想更是中国知识分子的重要关注点。而康德哲学以其科学性与民主性而成为西学传播中的一个热点，越来越全面系统地进入了中国。在这个过程中，杜里舒对康德哲学的宣传与介绍无疑是一个重大的促进因素。杜里

① 贺麟.五十年来的中国哲学［M］.沈阳:辽宁教育出版社,1989:96—97.

舒的演讲使中国知识分子了解了康德哲学的内容和承前启后的重要地位，而且他以康德的认识论作为康德哲学的切入点，正合中国思想界的需要，因为康德的认识论与民主科学密切相关。恰如贺麟先生所说："我们可以看到，康德哲学虽然在'戊戌'变法运动时期就传入中国了，但它的高潮是在一九二四年到一九二五年间。这情况大概是和'五四'运动开创的民主和科学精神相联系的，因为康德的知识论是和科学有关的，要讲科学的认识论，就要涉及康德的知识论。另外康德讲意志自由，讲实践理论，这就必然同民主自由相关联，因此，这时期传播和介绍康德哲学是学术理论界的中心内容。"[1]杜里舒从认识论方面论述了康德哲学，强调其科学逻辑性，这更引起了中国思想界的关注，推动了康德哲学在中国的传播，引发了康德哲学传播的高潮。

---

[1]　贺麟.五十年来的中国哲学 [M].沈阳:辽宁教育出版社,1989:102

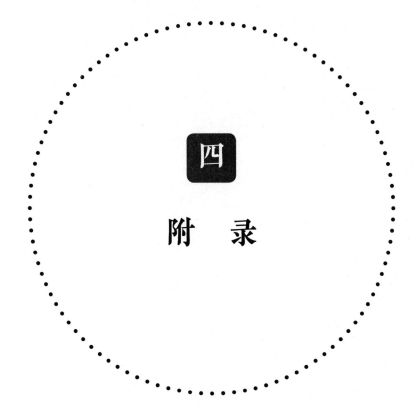

四

附　录

1.《生机体之哲学》

生机体之哲学[①]

杜里舒讲演

瞿世英译记

（一）

现在我们所要讲的是生命问题，但并不是从粹纯的科学的方面去讲，所讲的是生物哲学。我们知道生命问题是极重要的问题，我们现在便要从生物学方面去研究他。

[①] 杜里舒. 生机体之哲学 [M] // 杜里舒讲演录: 第一期. 上海: 商务印书馆, 1923: 1–24. （参见杜里舒. 生机体之哲学 [M] // 杜里舒讲演录: 第二期. 上海: 商务印书馆, 1923: 25–56. 杜里舒. 生机体之哲学 [M] // 杜里舒讲演录: 第三期. 上海: 商务印书馆, 1923: 57–82. ）

学问原来是一整体，无论从那一方面研究，均可以达于全体。譬如研究算学，物理化学等科，都可以达于全体的。生物学也是一样。然而生物问题实在是极复杂的不容易求解决的。

第一个问题问什么是生命。生命的定义是什么呢？无论任何学问的定义，必在这一门科目讲完之后，继可以有定义。生物学呢，与算学不同。算学最初便可以说明什么是三角形，什么是方形，但生物学却不然。最初只能有一普通的定义。

生物是什么？生物皆由许多部分合成一体，有其形体。如鸡如鸭皆由许多部分组合而成其体。结晶的矿物则与此不同，晶体是内外一致的。但生物体的各部分各有其作用，相互关连，各司其事，皆与全体有关，与全体有益。譬如心肝肺胃，皆各有其作用。更进一层说，生物皆有能活动，具此三种性质，斯为生物。

前面所说的都是极普通的话，大约诸君早已知之。凡生物皆由器官（Organ）组织而成。器官这个字，原来的字义，在希腊字为"用具"。正如人身上的心肝肺胃，各有其用。

凡器官皆由纤维组合而成。进一步说，纤维是由什么组成的呢？便是细胞。譬如蜂窠底各蜂房也可以说是细胞。外国字原是一个字。细胞这个字，便是从此来的，细胞的形式各有不同。如皮肤之细胞、筋肉之细胞、等等都是不同的。细胞不仅有两方面更有三方面的。如筋肉的细胞用显微镜视之，则为长方形。简而言之，器官由纤维而成，纤维由细胞而成。若更进一步，亦可以问细胞何由而成。

每一细胞皆有两部分：外为原生质，内为细胞核。原生质者别于细胞核而言，其详不知，但总之不是一种同性的化学的混合物。细胞核中有一种质，最能吸收染汁。

细胞之分裂是很奇怪的。细胞将分裂时，这一种质便渐渐自成为一条极复杂弯曲的线。此线分而为许多段，差不多相等。是一对一对的小线，名之曰"色素""Chromosomes"。这是细胞核的变化，原生质中亦有其变化。因细胞核与原生质的两方的动作，细胞乃始分裂。一对小线中之一向细胞之一方面，其余的一条线向他方面，于是成了两个子细胞核，原生质亦同时渐曲成两圆形，至成两圆形，一细胞乃成为两细胞矣。

上面所说的，对于遗传的问题非常之重要；现在且不讨论他。我们常说生机体是发生的。现在便先要问生物何以能从卵转化而来。卵（Egg）是什么，亦不过是一细胞耳，然生机体即由此而生长。我们所看见的鸟卵鸡卵，实在并没有这样大，余外的都是养料。卵成熟后，始能受精。所谓受精者，便是雄的精虫（Spermia）与雌的卵相接。精虫进入卵便发生受精作用。其实精虫，原也是细胞。有一头有一尾。精虫入卵，尾便消灭了。两细胞合即发生受精作用。

我们现在便要以海胆的卵来研究他的胚胎学。海胆之卵极微极小，为一米里密达之十分之一。其精虫之头为卵之四十万分之一。非有极强之显微镜不可得见。但是我们为什么要用海胆的卵来实验呢？因为海胆的卵便于实验，并且比较容易得到。

卵之细胞，照前面所说的，亦必开始分裂，若用专门名词说便是细胞之分剖（Segruentation）（这个名词英法德均用此字已成一通用名词）。先分为二，二又分四，四分八，至此，分裂不能完全平均。自八分至十六时成四圈，各有四细胞。然而只有上半，如以地球比，可称之为北半球，是大小相同的。下半在全胚胎之极端，成四个极小的细胞。如此细胞递次增加至 2^{10} 而止。这便是生物成长的第一步。胎生之第一步，只是细胞分裂而已。

（二）

前次讲演说到生物发生的第一步是细胞之分裂。现在便要讲到细胞的地位。细胞分裂到一千左右时，皆浮至表面，成一球形，此时之胚胎可以开始游泳。若用专门名词说，可以用海格尔的名词，称之为细胞球（Blastula）。

前面已经说过，细胞分裂至十六个细胞时，有四个极小的细胞。其极性至此仍在。于是在此游泳的的胎芽之一端，大约有五十细胞渐与其相邻之细胞脱离，离开表面，进入里面。这些进来的细胞是将来生机体中极重要的部分的基础，以后的骨骼与筋肉皆由此而生。这些细胞的名词，可称之为"中质"（Messenchyme）。最初这些细胞隐藏在细胞圈的外层之内（Blastoderm）。继而各自运动，在极端成一圈环。这圈环对于此后此生机体之全体形式，有极重要之关系。更有进者，此胚胎的形式，以前都是"辐射式"的（Badial symmetry），但现在就成了"对称式"了。中间分开，甲半与乙半是一样的。譬如我们人的身体，假如从正中分开，两个半体差不多是一样的。

中质此后怎样，我们暂且不提。从胚胎的极端，就是"中质细胞"进入里面的地位，发生一条细长的细胞管。此细胞管逐渐增长，数小时间便可与胚胎之上端相触。此即以后的肠子。现在就不叫做胎芽Blastrla，而称之为Gastrula。这亦是海格尔的名词。此时是由三层合成的。一外层，即原来的外层；二内层，即新成之细长细胞管；三中质，这是我们已经知道了的。内层起初亦是辐射式的，现在亦成为对称式与中质一般。现在我们可以称此幼虫为一对称式机体了。

现在不能很详细的讲海胆的发生。但是最要紧而不可不提到的，就是这细长的细胞管以两圆圈自分为三段，大小不同，方面各异。至骨骼成功，便成了海胆的幼虫了。专门名词称之为（Plenteus）。

最初一般生物学家不知此幼虫即为海胆之幼虫。至十九世纪经Tuller氏之考察，始知其为海胆之幼虫。

由幼虫至海胆之程序，极为复杂。非数言所可尽。我们的目的，原来只要知道胚胎学的现象是如此而已。

我们想起在十八世纪的时候许多生物学家的相争。他们的问题是个体之发展究竟是可看见的多样性之实在的产生呢（Real produstion of vsible mauifodness）或者不过是可看见的预先存在的多样性之长成呢？近百年来科学进步，如果我们信赖近来调查考察的结果，在胚胎发生的途中是可看见的多样性的产生。这是近代科学的一件大进步的事。但是从前却有许多人是以此为不可能的。

换句话说明，从前的人以为生物之发展不似我们上面所说的那样。以后一切的复杂的组织在细胞中均已有之，不过长成而已。

威士曼[①]（Weisman）的传种说是近来很有影响的学说。不但影响大，即其学说之内容，亦是很合论理的。威士曼以为细胞如机器一般，分裂时每一部分都分开一而二，二而四，四而八……在分裂之八细胞时，一细胞即为原细胞的八分之一。譬如机器，则此八分之一正是原来机器之八分之一。他假定一极复杂的结构，以之为一切形体之生生的历程之基础。而此极复杂的结构，即使用最高的

---

① 即魏斯曼，下同。——笔者注

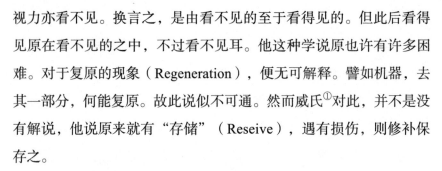

视力亦看不见。换言之，是由看不见的至于看得见的。但此后看得见原在看不见的之中，不过看不见耳。他这种学说原也许有许多困难。对于复原的现象（Regeneration），便无可解释。譬如机器，去其一部分，何能复原。故此说似不可通。然而威氏①对此，并不是没有解说，他说原来就有"存储"（Reseive），遇有损伤，则修补保存之。

总之，他的学说在现代算是很有势力的。

以后有一位罗和氏②，他想用实验的方法证明威士曼的学说。他用蛙卵试验。蛙卵分裂至两细胞时，用一火烧得很烫的针刺死一细胞。再看其余一细胞的发展。结果竟发生一半胎。这种实验似乎已足以确实证明威士曼的学说了。罗和氏第一次发表他的实验的结果是在一八八八年。过了三年之后，我自己便取海胆的卵来试验。先将海胆之卵在分裂至两细胞时放在玻管内，持管力摇之，便可以摇死一个细胞。然后取来实验。至于我所实验的结果，是否与罗和氏相同，抑或不同，且听下回再讲。

（三）

上次讲到罗和氏试验蛙卵之结果，似乎可以证明威士曼的学说。但是我亦提到自己在一八九一年用海胆的卵试验，结果乃与罗和氏所试验的适相反。当海胆之卵发展到二细胞期的时候，取来安放在玻管里，猛力摇之，使两细胞得以死去一个，或竟使两个细胞

---

① 即魏斯曼，下同。——笔者注
② 即儒，下同。——笔者注

分开。

这一个留存下来的细胞，依旧自行分裂，正如那已死或分开的一细胞没有死或未曾分开一般，但分裂之数，仅为普通的半数，譬如到十六个细胞的时期，只有八个。其排列适如普通的十六细胞期之一半。直到这里是与罗和氏相同的，但以后却不同了。

约莫在十五小时左右，细胞的分裂便完成了。在第一天晚上，这个"半胎"约莫有二百多分子的时候，此半球形之胚胎的边缘稍为弯曲，似乎有成一完全的球形（不过比较小些）的趋势。到了明天早晨，果然一个完全的细胞圈出现了。又过一天，我的盘子里又明明的有了一个完全的"格司屈拉"（Gastrula），不过比普通较小而已。后来又发展成了一个虽然小但是完全的幼虫。（看图）①

这岂不是与罗和氏的实验结果完全不同么？如果依威士曼之说，应当只有半个，何以有了虽然小但是完全的一个呢？可知他们的学说是不可靠的了。实验的结果如此，谁又能否认呢？

但是我还不放手，要更精细的去实验一番。于是取海胆卵发达到四细胞期的时候，任取一细胞（即1/4）或二细胞（即2/4）或三细胞（即3/4）任之发展，都能成一完全的幼虫。即在八细胞期亦可以得相同的结果。

说到这里，有一件事情，哲学家或者对于这个问题没有兴趣，但是生物学家却是觉得很有趣味的。这就是生机体无论怎样发展，细胞的大小是一样的，不过数目不同而已。譬如建筑房舍，虽建筑之大小不同，但是砖瓦之大小是一样的，不过数目多少不同就是了。这一层是我们要注意的。

---

① 此图省略。——笔者注

后来我又取两细胞设法使之合，然后观察其发展，结果亦成一胚胎，惟较大耳。这样看来威士曼的学说还能成立得住么？

但是很要紧的还不曾提到呢。譬如将海胆之卵放在两玻片中间，加以压力，至完成八细胞期，我得平列的八个细胞（看图）[1]而不是两圈（各四个细胞）与平常的细胞分裂不一样。此后的细胞分裂至十六细胞期，便成两层的八个细胞。如压力一直施到十六细胞期。则十六细胞亦平列起来，再分裂便成两层的十六个细胞。但无论怎样，结果都绝对是完全的生机体。

依照威士曼的学说，这样的搅乱之后，发展结果一定失去常态，孰知乃与其说适相反，用人工搅乱之后依然可以成为平常的胎。所以说细胞核中便安置着生机体以后的组织的起原，简直不成一说了。又如至八细胞期，依威氏之说，一细胞即为原细胞之八分之一，然则去其八分之一则不能完全了，但我的实验则去其八分之一或八分之二仍旧可以完全。这样说来，威士曼的学说是绝对不可能的了，所谓预先规定之说也似乎不可靠了。

现在我们要创造我们的学说了，但是破坏他人的学说容易，自己创造学说就难得多了。

然而我想威士曼所谓预先规定之说固不可靠。但是其中必有一种元素规定其形式体态等等。想像之结果以为别的虽不能预先规定，而其方向（Direction）却未尝不可以预先规定。在卵中必定有一种内密的结构（Intimate Structure）包有极性与其对称式的性质，此种结构，每卵中之任何小部分均有之，譬如一条磁石，无论打碎到怎样小，极性依旧存在，所谓内密的结构其亦有类于此。但是有

---

[1]　此图省略。——笔者注

一句话极要紧的，此所谓内密的结构必在原生质之中。推测罗和氏的蛙卵试验所以得那样的结果，得半胎而不得全胎之故，想来必是因为蛙之原生质不如海胆之原生质那样的轻，比较坚凝，又未受刺激，因之来不及重新规定排列（不易曲转），故而成为半胎。

第一件事，自然要设法证明我的这个假设。摩根①氏（T. H. Morgan）他第一次取蛙卵实验，至两细胞期刺杀其一，发展的结果，与罗和氏所得之结果相同。但第二次再试验时，仍取两细胞期之蛙卵，刺死其一，实验时倒转一百八十度，结果竟成一新胎。这是什么缘故呢？想必是原生质受了刺激而活动，得以重新规定排列，自然可以成一全体的胎了。

总而言之，这种调节，可分两种现象，一是功能的（Facultatine），一是要强制的（Obligatory）。

这样说来，全体的或半体的发展是靠着原生质中的内密的结构中的调节力而始成的。

摩根氏曾试验软体动物之卵，结果如于未受精前，去其一部则仍可复生，既受精后，则不能复生矣。

我们试验有很大的困难，因为我们只能试验低下的动物，而哺乳类的兽与人都不能实验，这是很困难的事。

（四）

依据我试验的结果，与威士曼的学说全然不同。我试验海胆之卵，任其分裂至两细胞时，去其一细胞，任其发展，仍可得一全

---

① 即摩尔根（T. H. Morgan, 1866—1945），下同。——笔者注

胎。即使分裂至四细胞期，无论去其一细胞、两细胞，或竟去其三细胞，其余的三细胞、二细胞、与一细胞均能成一全胎，惟较小耳。至八细胞期与十六细胞期亦如之。不但此也，即将其细胞之秩序搅乱，亦仍可成一全胎。这皆是与威士曼的学说相反的。换一句话说，就是机械说是不能通的。

罗和氏的试验似乎是可以证明威士曼的学说了。然而摩根氏试验的结果，知道蛙卵之原生质，比较坚凝，如果加以刺激亦可成为完胎，半胎之得，实由其原生质坚凝之故。不但如此，诸君想还记得细胞分裂至十六个时，一端有四个小细胞，前面也说过，到细胞球期，极性依然还在。此一细胞球，可任意剖裂，每一部分，仍可成幼虫。

这样说来，威氏之说岂不全不可靠么？也不然的。所谓预先形成（Preformation）之说，未必毫不可靠。如方向等等，未尝不是预先规定的，一种胚胎发达到形式已经决定时，则一经紊乱即不易再完成。

从前盖律雷①研究物理学，恒先言事实，如速率、增速率、重量等等，学说放在后面，我对于胚胎学之研究，也是这样。

现在先要讲明两个名词：一、表现的价值（Prospectize Value）（德语谓之Prospective Bedentung）二、表现的可能（Prospective potency）（德语谓之Prospective potenz）。兹分别解释之。

所谓表现的价值者，譬如我们有一胚胎发达至一定的状态，不论其他为细胞圈，为Gastrula 或为一幼虫，我们就研究此胚胎某一特殊器官之某一特殊要素，注意他此后的实在的发展之途，终有最

---

① 即伽利略，下同。——笔者注

后之一境，换言之，即其实在的运命（The real fate），此即我所谓"表现的价值"。

所谓表现的可能者，即其可能的运命之谓（Possible fate）。现在的问题是表现的价值与表现的可能是否一致，表现的可能是否比表现的价值范围大些呢？用比较普通的话来说，现在之问题就是细胞之发展是否能过于我所能见的（细胞之所表现的）可能。如果说表现的可能大于表现的价值，则一生物之发展不仅是表现的价值，实可以达于表现的可能。假如说表现的价值与表现之可能是一致的，则譬如四细胞，去其一则只能发达四分之三，去其二只能发达四分之二。但是事实上试验的结果，无论去其四分之一或四分之二，结果依然是一完全的生物，所以我们下断语说表现的可能比表现的价值范围大。

物理现象与化学现象皆有其系统。现在依据我们实验的结果亦未尝不可成一系统。譬如四细胞期之每一细胞均可发展成一完全之生机体。换言之，每一细胞都有发展成一生机体之可能。此种现象可名之谓平等可能系统（Equipotential System）。

平等可能系统可分两类言，如任取一细胞皆可成一复杂之生机体，此生机体皆复杂之至，此可名之为复杂的平等可能系统（Complex Equipotential System）。假如从细胞球上切一堆细胞，其中不止一细胞，然亦发展成一全体，此可名之为单一的平等可能系统。既不止一细胞，而各细胞间又极和协，故称之为协和的平等可能系统（Harmonius Equipotential System）。

协和的平等可能系统不但在细胞上如此，即在动物界中亦复如是。譬如一Gastrula，试分割之，其内层、中质、与外层均仍可成一全体。

从前的人对于复生（Restitution）的问题不甚注意，直至一八九五年始成问题。从前的人只知去Salamendra之足仍可复生，蚯蚓亦如之，古人所知之复生现象很有限的。

现在便要以复生现象解释协和的平等可能系统。一九〇二年我与美哥伦比亚大学之摩根①教授取海鞘（Ascidian Clavellina）实验之。此种生物组织备极复杂。全体为两重要部分。上半为腮（Branchial apparatus），下半为心肠胃等（看图）②。如去其上半体，则依然复生；如去其下半体，则腮部（上半体）之变化乃颇特别。始成一小白色球形（一细胞圈），既而又成一较小之海鞘，不是以前的腮部了。这还不足为奇，如先将其上部下部分开，再将上部（即腮部）切而为二。到不管如何切法，只要保住不死，以后逐渐变易仍一全体。可见不但腮部因各部分之协和的动作足以变成完全的生物，便是每一部分也可以成一完全生机体，不过较小而已。这岂不是协和的平等可能系统的极好的例证么？

后来摩根自己又取扁虫实验，任意乱切均可成一小扁虫。又取织毛类之一种生物试之，亦得同样的结果。可见其皆为协和的平等可能系统。

（五）

环境与生物之发展亦是很有关系的。第一是温度，温度太高或太低，都与生物之发展有妨碍的。第二件事是养气③，如无养气，

---

① 即摩尔根，下同。——笔者注
② 此处图省略。——笔者注
③ 即氧气，下同。——笔者注

便也不能发达了。鸟类的卵如鸭卵鸡卵等，卵中已有蛋白质脂肪等等，所以只要有适当的温度与养气，便可以发展。但是海中的生物（譬如海胆）除去需要适宜的温度与养气外，海水中的各种元素也很有重大关系。假如去掉海水中的某种元素，生物之发展便要受很大的影响。这是事实，有实验可以证明的。

我的朋友黑白斯脱（Herbst）对于这个问题，做了许多实验，得了许多可靠的结果。我们知道海水中有许多原质，如绿化钠（Nacl）①绿化钾（Kcl）②硫酸镁（Negso4③）硫酸钙（Caso4④）等。分析起来说，海水中有绿⑤、钠、钾、硫、镁、养⑥、钙等原质。这些原质都与生物之发展有关的。黑白斯脱实验的结果如果海水中去其钙之原质，即以海胆言，细胞分裂后，均失其凝结力，各自分开，无论细胞分裂至何阶段，都是一样。各细胞各自独立，在水中游泳，像一群扁毛动物一般。由此可见钙之为物与细胞之凝结是很有关系的。

诸君想还记得我前面说过，我试验海胆之卵时，须要将卵放在玻璃管中猛力摇动，使里面的细胞分开，继可以取来实验，这是很烦杂很费事的。自从黑白斯脱的实验以来，我们要使细胞分开的方法就容易得多了。因为分开之后，只要放在平常的海水中便不再分开了。这于我们实验的方法上有许多益处，减除了许多困难。此外

---

① 即氯化钠（NaCl）。——笔者注

② 即氯化钾（KCl）。——笔者注

③ 即$MgSO_4$。——笔者注

④ 即（$CaSO_4$）。——笔者注

⑤ 即氯。——笔者注

⑥ 即氧。——笔者注

钙不仅是有连合细胞的能力，于骨骼之长成亦是很有关系的。

黑白斯脱的许多实验之中有两层是要说到的。钾是与肠子的长成很有关系的。又如硫之原质与其形状很有关系，假如没有硫，则海胆之胚胎均不能有均称式而成为辐射式。这些都是很重要的结果。由此可见海水中各种化学原质，与海中生物之成长是很有关系的。

此外还有一件事要说，黑白斯脱实验的结果，锂（Litbium①）与海胆之成长有很大的改变。如果于普通海水中加锂，结果海胆幼胎之形状全异，内层（即肠部）在外面长成，平常的均称式现在却成为辐射式了。亦没有骨骼了，中质所处的地位，亦是异常的。可见锂有根本改变海胆之胚胎生生之全部途径之能力。

黑氏的这些试验，威尔孙（Wilson）②氏也做过，结果一样，可证黑氏的试验是不错的。

然而此种现象与协和的平等可能系统究有什么关系呢？海水中各种原质对于生机体有指定之力与定位之力否；这都很难说的。外面的刺激与生物之发展是很有关系的。然而又不能全仗外面的刺激，换言之，不仅靠外面之刺激。生物之中似以植物最似有此成形之刺激。如根之向下、枝之向上等现象，均可以证明此说。水螅亦是如此。外界的海水质实在能规定他。但高等动物则不必一定说有形成之动力而后定位。外面来的形成之动力关系少，内部来的力量更大。

譬如双栖类之胎，其神经系统将成时，脑生二球状物，此即其

---

① 应为Lithium。——笔者注

② 即埃德蒙·比彻·威尔逊（E.B.Wilson, 1856—1939）。——笔者注

眼也。逐渐长大，俟与皮将接触时，皮部受其激刺，即生眼珠。然如于未长到与皮相触时，去其皮另以旁边的皮补上，其相触依旧生出眼珠来。这也是黑白斯脱的实验。

又有一件实验，也是黑白斯脱做的。去虾之眼，仍可复生，但如将Gauglin亦除去，就不能再生一眼，只能发达成触角了（Auteuna）。

又如海胆之胚胎在Gastrula与幼虫期之间，有一时期肠歪向一旁与皮相触而生口。但如增加温度，则肠子外出如一尾；而口仍在原处长成。这种现象，罗和氏称之为"自体分化"（Self differentiation）。

所以我们要特别小心，有的不是形成之动力。

现在再说到协和的平等可能系统。

如有A与B。B受激刺而成C。B受A激刺时具有一种能受性。A为因而B为果，B与A一定要协和的才行。前面提到的双栖类之生眼珠，便是此类，此可称为因果之协和（Harmony of Consality）。

又如上面所说之虾眼之实验，其中有一种互相的关系。可名之为组织之协和（Harmony of Conpestion）。譬如人的肠胃，一步一步的消化食物，可名之为作用之协和（Hamony of Function）。其详下次再讲。

（六）

依照上次所讲的，我们知道生物体之发达，是不一定要受外界或内部之刺激的。譬如上次说的海胆，即使没有成形之动力，依旧可以发生出来。内部之动力亦无一定。然则所谓协和平等可能系究竟是什么呢？是要怎样解释呢？这实在是一极重要之问题。在没有解决此问题以前，且先提出一件很有趣而又很重要的实验。

取星鱼之Gastrula之外层，任意切取，结果依然可以发展成形体较小的小星鱼。外部形式与平常的星鱼，完全无异。身体的各方面的比例，亦正相似。所以我们可以说，一堆细胞，具有协和平等的可能的，于任意切取后之发展，仍可成一全体，全体的各部分的比例，亦正一样，惟形式较小耳。

假如我们想象以为此外层是长圆体而不是球形。又假设此长圆体是展开的。我们即可得一两度的平面，a与b。现在就可以很详细研究了。

a与b是很平常的发展，丝毫不会遇见阻力的。依我们前面所说的实验的结果，胚胎的表现的价值小于表现的可能。这种关系我们怎样表示呢？现在我们定一公式：$p.v.(x)=f(\cdots)$。x 的表现的价值是……的函数？我们知道大小是很有关系的，所以我们的方程便成为：$p.v.(x)=f(s\cdots)$。假如我们想像一时单提出a_1与b_1来，又一时单提出a_2与b_2来。依我们实验的结果，两者都可以发达成一完全而较小的生机体。x 这一个原素，或者可以属于这两部分，大小亦一样，而其实在的运命，或者便不同。地位原本不相同。或者便用e这一个字来代表地位；我们的方程式也可改为：$p.v.(x)=f(sl\cdots)$。但是这个方程还是不完全的。sl乃数学家所谓变量。此外必还有一元素，不论是实验的发达抑或是平常的发达，是不变的。此即在吾人所谓表现的可能之内。这实在是最重要的，我们亦可名之为 p。所以我们现在的方程是：$p.v.(x)=f(sbp)$。p 是一种不变的常数（Constant）即表现的可能。

外界与内部的刺激都不足以解释此种现象。如谓协和的平等可能系统为一机器，则威斯曼①的机械说又已驳倒。然而退一步说，或者还有别种复杂的机器，所以不妨为机器先下一定义。机器者，多种物质力之特殊的排列以求达到一目的之谓。我们以此定义再讨究机器说是否可通。

假如以上图②为一胚胎，任意切取一部分均可成一全胎；假如是一架极复杂的机器，能割取一部分后都能成一完全的机器么？是必不能。机器的各部分均各有一定，不能随意摆布。可知协和的平等可能系统，不能以机器说解释之也明矣。

物理化学固能解释许多现象，然其用亦有时而穷。生物现象之可以用物理化学解释者固不少，然亦有为其所不能解释者。此协和的平等可能系统，即为物理化学所不能解释。而其决非机器论又可知。

从前的学者讲生机主义，现在的新学派则大部分主张机械说。我以为不是的。我以为是非机械说。生机主义是什么，我说便是生命自主（Autonomy of life）。生命自主说至少在我们所实验的胚胎学的范围内已经证实了。

我们要将我们所说的自主的元素加一个名词，这也是很应当的。亚利士多德是历史上第一个生机主义者。我们便要向他借一个字用。这便是"隐德来希"（Entelechy），希腊字为εντελεχεια。此字没有别的意义，只是"本身即为目的"（Which bears the end in itself）之意（注一）。"隐德来希"是什么？即是在协和的平等可能系统中为物理化学所不能解释的东西。以上的几次讲演可以说是

四

附

录

127

---

① 即魏斯曼。——笔者注
② 此图省略。——笔者注

生机主义之第一证。

注一　Entelechy这个字是从三希腊字成的。$\epsilon\nu$在也，$T\epsilon\lambda\sigma\varsigma$目的也，终极也；$\epsilon\chi\epsilon\iota\nu$有也。原拟译作"生极"二字，似与原字意义，颇相符合；然恐易引起他项误会，仍从张君劢先生译音之办法，译为"隐德来希"。

（七）

我们用协和的平等可能系统证明了生机主义，即在此间将隐德来希的观念介绍进来。假如我们只有复生等等现象来证明生机主义，就未免太浮泛了。只有用协和的平等可能系统，始足以确证生活之自主。

假如有一堆原子，是最初的根本的原子。可变为A形。任意取其一部分，均可变成一种形式。无论如何搅乱，依然可以发达，可以分至无限次，其每一部依然可以发达。此即协和的平等可能系统也。即此便足以证明机器说是不行的了。假如是机器，一般的经过这般的搅乱就不能维持其原来之秩序了。这是自治自主的证据之一。还有别的。

我们所再要研究的便是"适应"（Adaptation）。但我不是说能受适应之情态（Adaptedness）。所谓适应者适应环境之谓——自身适应环境之改变之谓。这种现象也可以证明生机主义。

凡动物都要适应环境。譬如昆虫颜色有的与其所栖止的树枝树叶相同，免为鸟类所啄食。有的固然有毒汁可以自卫，而那些无毒汁的昆虫，为适应环境之故，己体颜色与之相同。又如在水中之植物与在空气中之植物，其司蒸发之纤维便自不同。在澳洲地方曾试验过将一种植物移放在高山巅上去，此时此种植物，忽换一新环境，很难生活，乃另生出一层厚皮以适应此新环境——这些都是引来证明生活自主说的，但如以环境解释似仍可为机械说，而不能真切的证明生活之自主。

现在我们且先讲罗和氏的"机能的适应"（Functional adaptation）。所谓机能的适应者，即器官或纤维之机能因愈用而愈强，因其有此种机能故愈能适应此种机能。生机体之纤维之组织因常用其机能故愈能适应此机能（By functioning the organization of organic tissues becomes better adapted for functioning）。譬如体育家常磨练其筋骨肌肉，故其筋骨肌肉亦愈强。又有患肾病的人，譬如一肾有病，失其作用，若割去一肾之后，其所余之一肾，因须担任其已割去之一肾之工作，故渐渐增大。又如患乳病的割去一部分乳腺之后，其余一部乳腺，仍有其作用，且更增加。这都是"机能的适应"的多种事实。但是最有趣的还是骨骼的纤维。假如骨骼断折，断折之后，仍可接连，连接之点，呈一种异常状态。盖因应付此异常之环境，故呈异态。

分析起来讲，适应就是细胞的适应。原来筋肉细胞中间夹有一种细胞，这种细胞在平时没有什么特别作用。机体上有了变异，则出而应付。譬如骨折断后接连起来不是已有作用之细胞，是平常的细胞，这些细胞，平常时是没有什么专责的，遇有新环境时则由此等细胞出而应付。

生物更有一种特别的现象，假如有人患伤寒等病，大家都知道由于Toxins毒素为害。新近发见人患此等病后，生物体中即发生一种御毒素Antitoxins以抵抗之。Antitoxins是一种能融化的本质，遇Toxins即溶解其毒素。此外还有各种御毒质。假如天花，出了天花的人不再出，又如霍乱之后亦发生一种御毒汁，所谓Antibodies也是这一类的抗毒汁。假如将某种毒质放入鸽子体中，鸽体亦立即特别发生一种御毒汁以抵抗。这样说来，机械说似真不可通了；然而还不能说证实，或然的不是不可能的呵！

现在又说到复生的现象。譬如前面说到的海鞘，如果我们切去其身体则仍可长成一全身的较小的海鞘。假如切去其腮部，则余部仍退化成胎，再逐渐发达而成一较小之海鞘。又如蚯蚓，切去一头，又生一头，切尾亦复生尾。有的胚胎学家以为头或尾的复生是由外层复生的，有的说是由内层复生的。其实这两种说法，都是对的。蚯蚓之头，切去复生，可至五十余次，切尾亦可生头。如我们切头留尾，新头生再切尾，新尾生再切头，新头生再切尾，循环切去，都可复生。此所谓反复之重生（Repeated generation）也。譬如一只轮船，机器坏了换机器，换了机器之后，船身坏了，又换一船身，假如机器又坏，则又换一机器，还同是一只船。但是这同字又作何解释呢？

（八）

上次讲适应，这一次要另外寻出一个生活自主的新证据来。关于适应，有一层是很重要的。就是适应与适应性（Adaptation，adaptedness）不同。适应性是一种情态（State）；而适应是一种形历（Process）。

今天要讲的是遗传。遗传是什么，简单说来，就是子孙与父母祖先相似之谓。到也不论是物质方面，心理方面，子孙父母，代代有些相像，这就是一般所谓遗传。似有物质的连续，相连如一练条，不断的连续下去。遗传是雄精与雌精媾精的结果；所以提到遗传，父母均同其重要，是由父母两方面遗传下来的。

研究遗传最有结果的要算曼特尔[1]（Mendel）了。他是奥国的一位教士。他的实验所得的结论，我们称之为曼特尔氏之遗传律。现在且简单的说一说。

假如红色的花与与白色的花媾精之后，生粉红色的花。如再以粉色花媾精之后，便有四分之一是红色，又四分之一是白色。四分之二依旧是粉色。此后如白色花与白色花媾精便开白色花；红色花与红色花媾精便开红色花。如再以粉色花与粉色花媾精则依旧是四分之一红色，四分之一白色，又四分之二粉色。曼氏[2]谓生物有一种独立的性质，如花之红色是。又有一种实验，取叶上有毛的红花和叶上无毛的白花结合起来，则红花叶上有毛的性质，传到白花的叶上，而白花叶上无毛的性质传到红花叶上。可见是有独立的单位性质。近来美国的生物学家，对于此一问题有许多实验，他们实验的结果，说生殖细胞内有所谓Gens者，这便是代表生物之独立的性质，其单位也。

现在便又发生一新问题，就是所谓Gens，固然是假设的，理想的，看不见的。但是究竟是细胞的那一部分是遗传的基础呢？是原生质呢？还是细胞核呢？研究实验的结果还是细胞核有些关系。依黑白斯脱与白佛梨（Boveri）[3]实验的结果是这样的。黑氏用海胆之卵实验，媾精之后，生幼虫，当然是父母各半。惟媾精后之细胞，假如细胞核是比较普通的大的，则将来的小海胆，得母体的遗传多，父体的较少。我自己信在遗传上细胞核是极重要的，或者比原

————————

① 即孟德尔，下同。——笔者注

② 即孟德尔，下同。——笔者注

③ 即博韦里（T. Boveri, 1862—1915）.——笔者注

生质更要重要，但这不过是我之所信而已。美人洛伯（Loeb）^①亦有一种实验，能以化学作用使雌精独自发达，并不必定要与雄精结合。于是他们以为细胞核内有一种化学质（酵）代表遗传之基本。这也未尝不是一种解决法，但是只能解决一半。

进一步问，除此以外，其最后一步是否是化学物理的动力？抑或尚有其他呢？什么能使Gens遗传下去呢？申言之，机械说能否完全解释呢？还是依旧要退到协和平等可能系统来解释呢？

前面已经说过有复杂的平等可能系统与协和的平等可能系统。所谓复杂的平等可能系统者，譬如有一堆细胞，此一堆中每一细胞均可发展至一完全的生机体。换言之，此一堆中之一细胞，分裂之结果，可依旧成一全胎。其实不但在动物界中如此，便是植物界中亦是如此。植物学家研究之结果，一种树干的内细胞层与外细胞层之间，好像管子一般，中有成形质，是细胞合成，此中每细胞均有发达之可能，这亦是复杂的平等可能系统。

但是或者还有人说此仍可以机械说解释。譬如说，生殖器官便是很清楚的复杂的平等可能系统。譬如卵巢，每细胞均可成一完全之卵巢，一完全之生殖器，此卵巢又可发生许多卵。每卵又都有发达之可能。

我们须要特别注意这有平等可能的复杂系统之起原（Genesis）。我们知道一复杂之系统由于一堆细胞而成，而此一堆细胞又可推而至于一细胞。这样说来，就复杂的平等可能的系统而言，论到起原，机器说还能说得通么？那里有这样一架机器能分之又分，分之又分？分到百数次的呢？这还不算，有分之又分，分到

---

① 即吕勃（J. Loeb, 1859—1924）。——笔者注

百数次还是一全体的机器么？所以生物发生之起原一点，决不能是机器。所以说遗传有物质的相连，一部分是对的。但是曼特尔等究竟不曾问到根本所在。生物之最初便不能以机器解释。这是生机主义的第二证。

（九）

上一次讲的是遗传研究的结果，又为"生活自主说"寻到了第二个新证据。今天讲的却又转换了一个新方面，讲本能与行动（Instinct and action）。

说"生机体的行动"（Organic movement）不能不提到反射。反射动作是什么呢？譬如我们在膝盖骨间打一下，脚便不知不觉的往上面抬起来。咳嗽喷嚏也是一样。反射动作，有两种的区别，有复杂的和简单的。此部分受刺激，彼部分即生反应者，谓之简单的。但如一部分受刺激，而全体生影响，共趋于一目的者，谓之复杂的。譬如走路，就是全体共同动作，（Coödinated movement）以达于一个目的。美国生物学家（Jennings）以星鱼试验，将星鱼的身体翻过来，但星鱼自身立刻即又翻转去，这也是共同的动作。但这些都留给生物学去讲罢，我们不要讲了。

生机体的复杂的动作，有两种：一是本能，一是行动。（Instinct and action）本能一方面，现在研究到的还不算十分完全。所以讲起来是不大便利的。但是动作，到可以详细的解释一番。现在我们所要讲的，便是本能与行动。

假如鸟筑巢，蜘蛛结网，都是不学而能的，这些都是本能。所谓本能，是达于特别的目的之一种特别的性质的共同的动作。

又如写字，便是行动。狗随主人到街上去，后来自己出去，也认得回家，这是行动。行动也是共同的动作，是心理的，以记忆，经验，学习与了解为基础的。本能是开始便完全了的（Primary teleological），行动是因经验而改良的（Secondary teleological）。

研究本能的实在不多，只得简单的说过去，近二十五年来美国的学者如（Thorndike，Jennings，Yerkes，Leob）都很有研究。但他们并不会研究其所以然。只有说明而不会有分析的根本的研究。本能受激刺也有复杂的与简单的之别。简单的一激刺即生反应。复杂的则不然。一部分受激刺，一部分便起反应，此反应之所及，一部分一部分传下去成一较复杂的反应，如一条练索一般。现在关于本能的第一个问题是简单之激刺是否仅引起简单之反应？还是简单之激刺有时也能引起复杂之反应？或者还是必须是复杂之激刺才能引起复杂之反应呢？

德国昆虫学家西洛尔特（Ch. F. Schroeder）对于本能的问题很有研究。他用实验的方法试验一种昆虫，结果知道有一种管束或指导本能的能力在。譬如鸟筑巢，蚁筑室，蜂酿蜜，蜘蛛结网，假如我们破坏其一部分，依旧还能复作。所以现在的问题是本能是否有一种指导或约束的力；换言之，本能是否是可以约束指导的？

行动一方面是有意义与了解的，一方面便是记忆和经验。但是我们现在研究人们的行动，要避去心理学的名词，而用科学的话来说。譬如身体的运动，两人间的谈话都是行动。

我们用自然科学的话来讨论行动，问怎样就算行动。行动有两点要注意，一是本来能行动的功能（Faculty），一是正在动作的特殊的行动，亦可以说是行动的现象。因为有能行动的可能，所以受了刺激便能动作。譬如小儿习语，固然是受外来刺激，也因为本身原来有能说话能使用语言的功能。

行动的特点第一靠他的历史的基础（Historical basis of action）。我现在还是决定不用心理学的名词，找比较中立的名词，所以称为历史的基础。历史的基础是什么？以前的激刺和事实，便是历史的基础。譬如同朋友到南京南城去，第一次不认得路，走过一次，下次再走，便不用朋友同走也认得了。又如买了一只箱子，开不开锁，用种种方法开开了，以后便一开就开开了。这便是历史的基础。假如有人说，机器亦是有历史的基础的，譬如留声机。但是要知道留声机第一次所唱的与第三十次第四十次完全是一样的。但是人们的行动是分散了而又重新结合的。人譬如是一储藏所；如从前有过甲，乙，丙，丁，戊，己，庚等历史的基础，但我们的行动，却不一定要照原来的次序。是可甲丙，乙己，重新结合的。这样看来，人们的行动，亦不是机械论可以解释的了。

（十）

上次所讲的是反应之历史的基础，今天所要讲的是反应之个性化的关系（Individual correspondence）。譬如有两个朋友，同住在英国，他们两个人能说德、意、英三国言语，一个为甲，一个为乙，有一次甲对乙说："我的父亲病得很重。"所说的是德国话。乙是甲的好友，在他听了这个消息之后，自然很为他伤感。我们晓得乙是听了甲的说话而后才起的……这就是乙受了甲之刺激之反应。再譬如说，那时甲和乙所说，是英国话，是："My father is very sick."乙也能有相同的感应，因为他懂英国话；或是甲说意大利话，亦是一样。总之，乙也仍是有相同的感应。在甲所说的有三种言语，声浪之高低，快慢，自然各有不同；那末，在乙所收受到的刺激，他也不同。

复次，譬如甲对乙所说的改了一个字，甲说："你的父亲病得很重。"乙听了这句话之后，自然他的影响不同，在音浪上去说，不过换了一个字，接着物质上说，刺激之不同，还不及前时换了三国语言之甚，只不过一些些稍为不同便了——而所得之反应，却相差极远……这便是个性的关系。

现在，我就抽象的来说，譬如甲以德文所说的"我父病重"之言为：ａｂｃｄｅｆ，这小写六个字母，作为刺激；又将ＡＢＣＤＥＦ六个大写字母，作为甲所说"我父病重"用英文所说的话。这两个刺激不同，而在乙所得的反应则相同。我们可以写起来，是

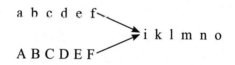

我们可以晓得，若是刺激不同，而其内包之意义相同，则其结果所得之反应相同，因为ｉｋｌｍｎｏ。

其次，是甲所说，为德文之"你父病重"，在拼法上去看，只差得一个Ｄ字和Ｍ之不同，也假设起来为：ａｂｃｄｅｆ。在这个上面，我们可以看出他和第一组所引之不同，而其所得之结果，乙之反应全然相异：ａｂｃｄｅｆ→ｖｗｘｙｚ这是什么缘故呢？在物质上之变异，大小不同，而所得之果，却为相反——这因为刺激之不同，并非是一个字母之不同，是刺激之全体不相同。

我们又可以知道，行动大都是从反应（Reaction）而来；以物质的眼光去窥察这个反应，则可知反应都是有个性的关系的。

机械学说能不能解说行动呢？不能的。因为机械若是一部分不

同，全体的机械总不致大相差异。而行动则如一部分变全体亦变。但是或者有人说，这是偶然相遇的机会。但是譬如有一个中国小孩子，他碰着机会到德国去，长大之后，自然和德国人差不多，也能讲得很好的德国话，着德国的衣服，有德国人习气；或是有一个德国小孩子到中国来，他长大以后，自然也有许多地方和中国人差不多……这还可以说，这是环境的不同；也可以按机械原理来说，因为大部分不同，所以结果不相同；这种的大部分不同，系另换一部机械，自然不同。——然而像我们上面所举的例，只不过一部分的不同，而其反应截然两样。这种小部分的不同，能使全部分变异，则非机械学说所能解说了。

讲到物质，又和机械学说，稍为有些不同。既然机械学说不能解说，我们再来说到物质方面去。但是我们要谨守范围灵魂一方面，便不要讲上去。但是我们总不免要涉到心理一方面去，为避免混淆起见，另外找一个希腊字Psychoid这个字来代替这个字，其实仍是与心理学（Psychology）相近。Oid是相像（Denothing resemblance）的意思。我们因为不得已，要想完全从物质上去讲动作，反应，而避用心理学上的名字，所以在和灵魂这个名词相近时，我们便用这个"像心灵"Psychoid这个名字来替代。

每个动作恒由反应而来；反应又由刺激而来。所以反应和刺激是很有关系的。现在我就讲这个关系，不同的刺激，能生出不同的反应出来，就是相似的刺激，也能有不同的反应。譬如，我此刻得着一个不好的消息，是得之于友人口传，我心中便有一种反应。其次，我从信中看出来，于是有了一种反应。这由信中视觉所感得的反应，和由友人口传所得是已经两般了。倘使自电报而来，则我所生之反应，又不同了。总之，口传、看信、电报，以及其他种种方法，使我们感生反应之记号及方法，其情形虽相同，而所感应也许有不同。有时外面的情形（Situation）相同，因为所居的地位不同，所感应也有不同。比如坐在戏园子里听戏，看戏子的表现，无论其做得如何动人，我们所生的反应，总和外面不同。……这便是地位不同之故，也便是刺激和感应之关系不同。那末究竟何以有不同呢？——这便是个性不同之故。

前次我们说小学生背书，和留声机器唱戏一般，留声机唱戏，前后不变，无所改良；小学生背书，也是复背出来。——但是小学生实有历史的基础，稍有不同的，可以不致和留声机一般，始终一些没有变动的。

美国Jennings将星鱼实验。原来星鱼有五条腿移动他的身体，Jennings便想法子将三条腿加上一些重物，那三条和重物相连接之后，只有两条腿能够走动了，但因为两条腿的力弱，不能移动他的身体。——但他那不受束缚的两腿，却只管勉强的动着。此亦可表现他受了这个束缚之后，很不舒服的样子，也便是受了刺激后的反应。久而久之，这两条腿渐渐发达起来，他也能够行动了。

Jennings在后又用Stenter（原生动物纤毛类，与钟形虫草履虫相似，与钟形虫为同属。其身之四周，有纤毛，产生水中。）实验将他放在有水的玻盆中，而将虫身置于浅处，于是他将一种粉洒下来，洒在虫身上，本来喇叭虫的纤毛类是平动的，现在上下动了。这就是表明粉之洒在其身上为不舒服，于是纤毛皮易常度而起反应。他继续的洒下去时，虫身便缩紧而为一个小的圆球体。若再继续洒下去，他却不能再忍耐了，便逃到深水中去。若再将那个已经试验过的来试验，只消粉一着身，就又同前状；所以在这个机械式的物质之后，我们可以晓得总还有东西潜伏着。

我们的生活，在平常的情形中，也能生有种种变迁，使反应不同；像上面所说，相同刺激，能生种种不同之反应出来。

此刻，我们是以物质的眼光来考察人之动作，反应，第一要注意脑。——神经系统。要说是机械呢，却也可以说，脑，不过是全体神经之总结，一个很复杂的组织罢了。但是脑，并不是生物最后之主体动作部分。虽然我们人有了脑子，才有种种动作；但脑不过是一种器具（Instrument）。另外还有使用这个器具的。犹之脑是钢琴，而那个东西是弹钢琴之人。这个是什么呢？就是像心灵（Psychoid）。脑，不过是全身神经之总汇，比较复杂些罢了。这个像心灵（Psychoid），是最后主动之体。我现时所论与柏格森所论之心物关系微有不同。但是现时只要对于脑认清楚。脑是很复杂的组织体，不过是一个全身神经系统之总连接处，并不是最后之主动。

上面我所讲的动作，刺激，反应，所有各种生物之现象，不是高等动物若人类才有的。各种动物，一概都有。犬猫等动物都有的；鸟类也是有的。在受激刺之后，能够起反应。照近时研究动物学的学者说，昆虫也有这些动作，鱼类也有。——这样推下去一直推到下等动物若蚯蚓……之类也能有这等动作。便是原生动物也有这等动作。便立刻逃到深水中去了。这纤毛变是动的方向，身体缩成圆球形，和逃入深水中去……的动作都是刺激的反应。洒粉便是刺激。并且这种虫还像有记忆似的，在第二次重受同样的刺激时，便能用最好的方法避开。由此可见即使是最下等的动物，也有这等动作反应的。

附

录

（十一）

上次以反应之历史基础，与个性关系说明行为之不能以机械说解释，此处便发生心物并行论是否可通的问题。就生机主义上看，并行论是不可通的。原来此说导源于斯宾罗荷①。谓人思想时物之方面那留有记号；原即有心物两方面，心物二者原是并行的。就此说推论，人不过似一架机器一般，这岂不是与前面所说的行为之特征相反了么？我们前面行为之讨论证明心物并行论的前提是错误的。论理学上前提错误则结论亦必错误，可见并行论当然是不可通了。此外更有许多论证，可以证明心物并行论是错误的。

譬如有一个友人的兄弟，你在遇见那个友人时，想到他的兄弟；这时，想象中的友人之兄弟之形像，是你记忆上之影象（Memory-image）。若照心物并行论的说话来说，你在遇见朋友的兄弟时，就有刺激到你脑里，那时脑中便有记号，在任何时候，你回想到那事，记号就能表现出来，所以此时和朋友碰着时候，就是不见朋友的兄弟，你也能想像到他。但是我们想一想，记号所表现的记忆上之影象，是不是和真的相同；固然，我们想到各人，各有各的记忆上之影象不同，可是有一点，大家总能承认，就是记忆上之影象，不是像照相一般的，丝毫不和真相差别的，是真实的印本（True copy）。像翻版一般的。又譬如说紫金山，我们大家都看见过了，都能够想像到，并且同时可以照我们想像的画出来。如果是我们都照想像的画出来，我们所画的紫金山，是不是人人完全相

① 即期宾诺莎（B. Spinoza, 1632—1677）。——笔者注

同？这绝对是不能完全相同的。假使脑子在见紫金山时留有记号，则所画出的应和原物相同。即此可知心物两者不能并行。此外我们再讲重新认识，譬如一件事物，我已经看见过了，认识了；现在第二次又重新认识一次。照着心物并行论说，假如我真见一个人，我脑中留有记号，第二次又见，这个记号便起来告诉我们。譬如你们第一次看见我——第一次看见我这个样子，到现在，你们看见我，仍是如此，可是你第一次见我之神经部分和现在见我，在神经所占之部分自然不同。第一次看见过，在神经所受刺激之部分是甲，以后是乙，丙，丁……在你所受刺激之神经部分不同，而看见我的样子，今天这样，明天也是这样，这样子却是相同。不但是看见的有这种情形，听声音也是这样的。你听奏钢琴者奏琴，远听其音轻而低，近听其音重而高，听的受刺激之神经之部位不同，但是你总觉得是这样的一个调子。这是什么意思呢？就是说心物之关系与否，不能在脑里度量的。况且心物二界各有不同之特征，此亦足证并行论之不可通，物界之特征是相并的，排列的，像点子一般的排列。无论上下前后左右，都可以，总之是排列。物理上无论何种现象，都是如此。心理之现象是生出来的，是集中（Concentration）的。在物界方面排列是有空间关系的；在心理世界方面，集中这个名词，是没有空间关系的。什么叫做集中呢？就是许多事物，都是自我心中出来，对于各种事物，心中皆一一下以判断，是以我心为单位的。此刻我们所讲的排列，集中，空间，非空间，无论那两个名词，这两者之间，是大不相同的。其次物界和心界之复杂程度的（Mainfoldness）不同，复杂程度之深浅怎样的去分别呢？这要看原素之多少，及关系之繁简而别。原素种类多关系复杂，复杂程度就深；反之，就是浅。

怎样的东西叫做复杂程度呢？我们可以用比喻来说，譬如说球的复杂程度浅，线的复杂程度深，因为球的定义简略，线的定义繁复。这是从几何上说的。又如说三角形的程度浅，疑惑及真理的程度深。这是从概念上说的。对于这个程度深浅的界说，我们可以下一简单的定义：凡一件事物，可以用简单的定义，包括起来的，其复杂程度浅；要用得许多字，才能包括的，就是复杂程度较深。

我们要讲心物并行论之错误，即以此复杂程度之不同来说，亦可知心物之不能并行。现在先讲物理世界，在心物并行论所谓物，是和物理学中所谓物者无异。新近物理学家研究物理上不能再分之元素，凡三种：1. 阳电子（Positive electron）2. 阴电子（Negative electron）3. 以太（Ether）。这三者是物理世界中最后之元素，不能再分了，至于心理世界中不可再分之元素，实在是太多了。我们不能不分别的讲。

Ⅰ感觉Sensation　第一是感觉一类，譬如说色，则有红，黄，蓝，白、黑；味则有甜，酸，苦，辣、咸；音则有高，低，轻，重，以及种种之音调。这些都是原素。就心理方面而言，白的就是白的，黑的就是黑的，不能再分析了。

Ⅱ时空（Space，time）　对于时间之观念，我们觉得这一件事在前，那一件事在后；空间，我们晓得这在左，在右，及上下，……之关系，可是到这里，也不能再分下去了。

Ⅲ感情 第三类是讲愉快与否，愉快，是属高兴一方面的，反面便是不愉快。像悲，苦，恐怖……都是在不愉快一方面。凡此皆是感情。这种种感情，也是心理上原素，不能再分析的。

Ⅳ意义之元素　意义也是不能再分析的。譬如我说一个"不"字，你对于这个字的意义，是很明白。可是能下一个定义来解说吗？这不过只能说我了解罢了。又如"如此""多少""全体""关系""因为"等均只能了解其意义，而不容分析。

Ⅴ真理之符号（Sign of truth）　譬如我说："南京是中国的一个城市"，这句话是不错的；我再说："中国是印度之一省"，这句话一出口，你们便晓得错了；我又说："火星上也有人，及一切生物居住"，便以为也许是有的，但是也许是没有的。这就是三种符号。——因为讲出来你们就能晓得，像是有符号一般。这三种符号，第一，是真实的；第二，是错误的；第三，是或然的。我们下这个判断（Judgment）时，我们就能知道，正不必再加思索，譬如求二十五之平方根为五，对于五这个答案出来时，我们立刻知道这是正确的。

Ⅵ存在界之符号　譬如我说："你看见一只猫"，在我说猫的时候，你心中便知这猫是动物之一，是自然界之物。其次我又说："上帝"，这个符号，便和猫不同了，就是上帝是形上界之符号，加不到自然界里去的。

这六类，都是心理世界之原素，上面我又讲过物理世界之原素，现在我要下结论了。在物理界里，我们只是找到三个原素：即阳电子，阴电子，和以太。而在心理界里，我们却找到六大类，每一类中又有许多，那末原素之多寡不同，便是复杂程度不同；既然复杂的程度不同，如何可以说有一种动作，便与心物两方相关，而双方又是并行的呢？所以心物并行论之说是不可通的。

（十二）

上次的讲演，是从各方面解释心物并行论不足以解释心物关系的问题。但是这个问题，终须设法解决的。我们可以承认自然界一方是物质，一方是隐德来希，可以有相互之关系。隐德来希可以与意识并行，但物质则不能与心并行。如下图：

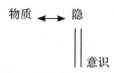

讲心物关系至此而止。下面便发生一个很重要的问题。我们既然承认生机主义，就要问物理现象与生机主义怎样能不冲突呢。

世间现象皆有因果关系，研究学问尤其不能不顾到因果律。所以我们必要设法沟通二者，要用来解释生机主义。因为生机主义与物质界，究竟还是有关系的。物质界最重要的是预定，依因果律，因有多少力发出来，果亦必受着多少力。我们现在不愿意生机主义将此律破坏，使生机主义和物理不相冲突。两者之间有一条公理。这便是以下的讨论的前提，必须预先说清楚的。

物界与心界，我们已经知道是各不相同，差不多可以说这二者是互相矛盾的。而生物变迁之故，更为不可究诘。除非是上帝，或者能够晓得生物变迁的缘故。我们人们只能晓得物质上之变迁；对于隐德来希的究竟，我们亦不能晓得。将来科学昌明，或者能知道。譬如由蛋成鸡，谁能知道其进行之速率呢？就是说鸡蛋，无论在蛋里那一个原子，你能说出是因那一个原子而产生出完全的鸡来么？现在是不能的。对于这种现象，我们亲自看见的，犹且不能解说，别的更不必说了。凡欲预知一物之将来变化，必须知其预先之单纯关系，物理界解释一事，必有一预说，方能有下手处。研究结果，可以精确。但在生机体上，我们便不能确实预定。虽然如此，普通说起来，却也似乎有些把握似的。像鸡蛋之孵生，必为雏鸡，鸭蛋必为鸭，鹅蛋必为鹅……似乎可以预先说定的；不过这些也只能在普通情形下说，若由生机进化来说，则这句话便也很难说了。所谓进化，是说从简单到复杂，就是说世上动物，简单者能够复杂，这就是物种沿革的现象。倘使动物无此现象，则这句话——鸡蛋必为鸡——不错；若是有物种沿革现象，那么，这句话便不一定对了。然而在寻常又何以可说呢？此实由经验积知的。英国的弥尔氏说，自然界中譬如手遇火则手烫痛，昨天如此，今天也是如此，屡次试验结果相同，可知自然界本有此一律性。然而如果弥尔之说是对的，则与物种进化之前提相冲突。两说不能并是，因为动物之物种沿革现象，是由简而繁；倘使鸡蛋所出，不是普通所料及之鸡，则所谓一律性之说便不通了。

生机主义与物质的关系究竟怎样呢？从前笛卡儿①便研究这个问题，谓心有所动作，身必有其影响，我们人是有心（Mind）的，所以不能完全以机械之说来讲人。然而笛氏并不会详细讲出心和身的关系，不过说是有关系罢了。现在，我们进一步，不但人不能完全以机械来解说，一切生物都是如此。不过我们的问题，是隐德来希怎样影响到物质。

一般学者对于非物质的动因（Agent）有许多种解释，大别之有三种：

（一）有生之物质说，此说以为物质是有生命的，这句话对不对呢？这是绝对的不会有的，何以呢？因为生命和本质不同，物质是有量的，是可以度量的。但是生命究竟是什么呢？我们固然也不能详细的说，不过我们可以晓得是存在的（Being），能转变的

---

① 即笛卡尔。——笔者注

四
附
录

（Becoming），有次序（Order）的。决不是可以度量的。如谓物质能变化，诚然，物质也能变化，但变化之结果，仍是物质，不会变出非物质来；但细胞则能成胎而成完全一个动物。物的变化，起先是多少，结果是多少，物质不灭，其量不变。所以生命与量完全无关，断不会有生的物质，生命和物质，完全是两件事，不能相混。所以此说是不可通的。

（二）有生之能力（Vital energy）说，凡力（Energy）都是能变化的，可量的。可以量（Measure）才可以谓之力；不能量的不能说是力，如热力电力，化学上的力，都是可量的。我将椅子举起来，也要用力；起重机要起多少重的东西，便要用多少力。但是计算力，一定要有单位，工作要用多少力，便可计算起来。没有量便不能计算。有的人说，即此可以将无机界的理，通用到有机界去；在有机界所谓发生之力可以换一名词，不称之为力就是了。然而这句话也是不对的，何以呢？依能力不灭之原则，能力是不灭的；能力是可量的。但是从细胞成胎，以致成虫，究要用几多力呢？细胞之转变只有秩序，谁也不能计算是多少力。所以以此说解释生物现象也是不可通的。

（三）生活动因创造能力说（Vital agent creats energy），此说谓隐德来希本身不是力；但能创造能力。此说本是可以想像得到的，但若使此说成立，那末，能力不灭之定律，便破坏了。所以我们说隐德来希为创造能力之主动这句话，未尝不可通，不过和能力不灭之定律相冲突了。我们讲生机主义固然非承认隐德来希不可；但是物理上之原则，总以不破坏为是。况且能力不灭之定律，在物理上应用之已久，更不容任意破坏。所以我们必须另外再找原则，不要为欲求新学说之成立，而破坏旧原则。

（十三）

首先发见心物关系的问题的是笛卡儿，那时能力不灭原则尚未成立，但是已有了动量不灭之原则，笛卡儿便利用此原则，以解释心物关系。须使心物关系之解释，不与此原则相背。原来动量之多寡，须视运动体之质量及速率之大小而定。若以m表质量，v表速率，则动量=$mv.$

$$\Sigma(mv)=Constant$$

从此能力不灭之原则完全成立。

$$\Sigma(mv^2/2)=Constant$$

笛卡儿之意以为灵魂能转动一部分物质之方向，而其动量不增加，此可知无疑此原则之成立。

后来哈脱曼[①]氏也研究这个问题，他说转动方向之说，假如是一原子，还可以说，若为原子之系统，则不可。何以呢？因为非物质的动因接近原子时，若原子为一，则其动量不增加。若为原子系统，则转动方向之结果，动量必增加。哈脱曼之意见如此。力学上有三坐标系，为x、y、z，其公式为

$$\Sigma(E)x=Constant$$

$$\Sigma(E)y=Constant$$

$$\Sigma(E)z=Constant$$

方向转，则三坐标系中必有一受影响者，则此动量不变之原则亦即破坏。

---

① 即哈特曼（N. Hartmann, 1882—1950），下同。——笔者注

解释心物关系者，原不仅笛卡儿一人。我在一九零八年之吉福特讲演中曾详言之。我以为能力是因果之衡量（"Energy"…measures the amount of causality given off or received by a limited system…）。譬如说能力与工作成比例。这是很容易明白的。宇宙间各种能力均有达于平均之趋势，但既说是趋于平均，可见原来本不平均。以力学言，有强度有能度，一方有质量，一方有速度。以电学言，一面为张力，一面为电量。以热学言，一面为温度，一面为比量。凡加入动力则变为位置能力。位置能力者，凡物体因位置之故而起之能力是已。照能力不灭之原则言，假设有一球自上堕下，中途即停，此其中所含之力等于其发动力，但此仅言其原则方面，还不会说到其变化之所自起。所以变化皆自不平均起。如一地之水，若为平面必无所变化；若一高一下，便要起变化了。若此处之水为五度，而彼处之水为三十度，相合，则热度必归于平衡。其他如热学电学中之种种变化，皆为自不平均达于平均之理所以支配。可见物质上的变化，是因为强度不同之故。假如人是死体，则其变化必定也和物质一般。但人是生机体，不能受此原则之支配。可以呢？便是因为有隐德来希。隐德来希可以约束细胞之发展。隐德来希并不能创造任何不同强度，但却可以约束之。（But entelechy is able to suspend for as long a period as it wants of all the reactions which are possible with such compounds as are present， and which would happen without entelethy）

abc	abc	abc	abc	abc	abc	abc
def	def	def	def	def	def	def
ghi	ghi	ghi	ghi	ghi	ghi	ghi

此外更有一说，如先前所讲的海胆细胞之发展。假如发展至千细胞时，其发展应视其储能而定，平均发展，但实际上却不是如

此。隐德来希可以阻止这些细胞使某一部细胞只与某一部细胞发生相互的影响。如上图第一格内，只许a与b生关系。第二格内只许b与d生关系。又如有一堆细胞，均可活动，但隐德来希来其中，如堤一般阻止着他们。此即所谓阻止说。

以上三说，各有其是处，各有其可能性。谁是谁非，很不容易断定。但我却比较赞成约束的说法（Suspending）。若是有人问我以生命之所自来，则我只好以不知答之，因为我们解释生活现象，只能到这样可能的程度而止。

（十四）

隐德来希是有机的行历，本身是复杂体。复杂原来有两种。一是外延的复杂，是占空间的；其不占空间的，如吾人之心则是内包的复杂。心不是隐德来希，但可以比论。心是能知的能有意志的。若用比论的方法，隐德来希亦是能知的有意欲的。隐德来希之意欲即要机体构成，而其构成之路即其知也。但是这只能说类似，而不能说相同。心之能知与意志是以经验为基础；而隐德来希则是第一次是完全的了，并无赖于经验。所以也可以说心是次式的（Secondary），而隐德来希是初式的（Primary）。有机体之行历，是有目的的（Teleological），先以人的行为来做标准。最初是以自己的行为为标准，其后不但我知道我的行为有目的性，更知道别人的行为也有目的性，乃至于狗猫，狗猫等家畜的行为，也看到有目的性，后乃更推及于有机的行历了。一切有机体的行为都是有目的性的。本能之发动及复生现象都是有目的性的，乃至于胎生学中成胎之变化，也都是目的性的。这些都是向着目的进行都有目的性的，但是目的性这三个字假如推广去说，则机器的运动也是有目的性的，我们不能说机器的运动为无目的性，——因为其运动之结果在造成一物，这便是他的目的。不过机器的运动之目的性，和我们上面所说的人生物的目的性不同，所以我们可以说目的性有两种。即动的目的性（Dynamic teleology）和静的目的性（Static teleology）。所谓静的目的性便如机器运动的目的，是一定死板的，并无变化之可言。动的则向一个目的进行，同时又有变化在内。我们现在讲生机主义（vitalism）应当从论理学（Logic）一方面入手，在论理学上为生机主义求一基础。生机主义在论理学上的根本概念便是"全体"（Whole）。怎样叫做全体呢？我现在用譬喻来说，譬如国家，数学，这两个名词，这两者完全是两件事情，不相类的。我现在一个一个来说："国家"这两个字，我们见了这两字，就晓得"国家"是怎样的一件事，什么的意义。假如你将"国家"这个名词下了定义，你便将他的意义破坏了。又如说"数学"，你能将"数学"这个名词下一定义么？假如竟给你下了定义，举出数学之要义，或是将其内包，若算术，代数，几何等等都说出来。但是终久不是数学的"全体"，至少你也要遗落一小部分。因为"国家"和"数学"这两个名词，他们自己便是全体，若仅列举其特质便不是国家了。数学亦是如此，概念即是全体，全体无定义可言，下定义即破坏其本质。又如"多少"、"不"等字亦不能下定义。全体即是全体。所以全体是不能下定义的。必定要看他的本质。如问全体即以本质回答，问本质，就只能回说全体。本质全体，循环互诘，不能下界说的。由此可见生机主义在论理学上已有根据了。何以呢？"生机主义"就是全体，我们说到生机主义，就是其全体，不必再下一个定义。然而所谓全体不仅在概念上表示出来。便是在经验界里，也可以表示出来。说到狗，便是狗的全体；看见狗，也是狗的全体；乃至于猫，椅子，也都是如此。但是说到树林就不同了。国家，则可以为全体，或不为全体。何以猫、狗、椅子，在经验界上也是全体，而树林则否？这是以什么来分别，来作标准呢？假使去其一部分，全体便破坏了，便是全体。反之则否。树林，你去了两三株树，仍是树林，所以说和猫、狗、椅子不同。所谓全体原来是不能下定义的，全体之所谓全体，只能觉的，不能下定义来说的。狗没有腿，椅子缺腿，便不是完全的狗与椅子了。但是全体有无标准之可言呢？有的。

第一是特定的配合，有无数次的表现。人、狗，我们看见他的全体，不知几次了，所以可以知道；至于说希马拉亚山[①]，那就难了，因为他是特定的，仅有一个，欧洲的爱尔泊斯山[②]也是特定的，也仅有一个，所以也不能知道，他究竟是否全体。凡是特定的配合，如果在世上仅有一个，那末，这种特定的结合，就不能知道他是否为全体。

第二是自有调节之力，胎生学中曾经告诉我们，拿去了胎中细胞之一部分，仍能完成一完全幼胎，这因为其自身有调节能力，复生也和此同理。

第三是传种之关系，假如生出来的，总和所生出来的原来一般，那末，可以得到全体概念，人生小孩，狗生小狗，小孩和人，小狗和狗，都是相同的有可比较，才可说到全体。

这便是全体的三个标准，但不仅是这三个，我们不能说凡不合

---

① 即喜马拉雅山脉。——笔者注
② 即阿尔卑斯山脉。——笔者注

此三标准者即非全体。但种史是否如此，便不可知。

（十五）

诸君中有听讲康德的，知道康德有以下几种判断。

断言（Categorical→本质Substance）

假设（Hypothetic→因果Causatity）

分类（Disjunctive→总和Community）

康德虽有此数类，但对于所谓全体与个性之范畴，竟无从演绎，故不如添一"完全联合"之范畴：

Complete conjunctive→individuality

假如S是全体，便是$S = t_1 + t_2 + t_3 \cdots\cdots etc$。这是什么意义呢？就是说全体是不能下定义的，是不能列举得尽的，是个性化的。这一层康德所规定的都不完全，所以非添这一范畴不可。换言之，全体除已列举出来的特点外，再加上不曾列举的，便是全体。这都是关于论理方面的，因为我们正在讲康德，所以连带提及。

凡现象之变化，先天的可用两种方法来推定。假如有两复杂体（如下甲乙二图）由甲变至乙，是由简而繁的变化。何以呢？在甲图，我们只要说有一系统四行平行，每行四点，便解说完了。但是乙图却非常之难于解说。这岂不是乙较甲为复杂么？前面已经说过可以先天的用两种方法断定。一是起于外的，一是起于内的。前者谓之堆积，后者谓之进化。最好之状态，应成一全体。但是进化亦可以分为两类，一是机器的，一是非机器的。譬如生机体之复生现象，以及细胞之胚胎学之发展，都是非机器的，这也是生机主义的一论理的根据。所谓论理的根据者何，即一概念能与经验界适合是已。但此刻所论的只是个人的。譬如生机主义是格式，我们填以内容。经验上已有此事实填满其格式。此所云者，仅限于生物界，但如地质学上的如山，如岩石，是因各种理化之原因而成，与进化毫无关系，不过是堆积而已。譬如南京的紫金山与西藏的希马拉耶山[①]一样都是堆积。至于人从细胞变成，至终成一全体，这才是进化。但所谓向全体者，是大体向全体，每一细胞之位置，则或成甲器官或成乙器官，则皆系偶然的。

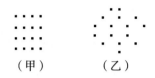

（甲）　　　（乙）

生机体由两部分构成，一为隐德来希，一为物质。与物质合则堆积之成数多。我们对于全体，万不可与总和（Sum）相混。全体非总和。总和是堆积，而全体是进化。世界中几全为隐德来希与物质之争。二者永远存在。所以二元论实在是宇宙的根本性质。然而这都是论理方面的，而不是形上学方面的。至于死物界是否有全体性，这却不容易断定。美国Henderson氏[②]著*The Fitness of Environment*一书，读之似死物界亦有全体性者。总之生物界之全体性强，死物界较弱。

前面所讲的，只限于个人的生机体。尚有生活总体之问题。即种史（Phylogeny）之问题是。或竟谓之物种变化说。此说至达尔文而成一系统之学说。其实从前希腊的哲学家，即已有此种学说，但经达尔文而加以特种之解释而已。

---

① 即喜马拉雅山脉。——笔者注
② 即亨德森（A. Henderson, 1863—1935）。——笔者注

我们研究此一问题，须从地质学与古生物学上着手。地质学上之地层，足以表示生物之阶段，譬如先有鱼，次有两栖动物，次哺乳动物，次为猴等等，这都是假设的，用演绎方法得来的。现在的问题便是问物种之由来（种史）是堆积呢？还是进化？这便与从前的问题不同了。这是超个人的。质言之，即是否也合于生机主义。但是这个问题，极难解决。个人的一代一代的传下去，总是一线相传，容易解释，但生物全体却不容易说，因为世界上只有一例，不能像个人可以比较解释。所以生物全体到现在是否是一全体，实在是很难下断语。因为既不能证验，而到底人是否是进化完了，真不可知。所以种史是进化的与否的问题，是终久不容易解决的。

（十六）

解释物种的由来的问题的有达尔文与拉马克两派。拉马克的书，是一千八百零六年出版的，达尔文的书还在后，是一千八百五十九年出版的。但是达尔文的学说，早已通行，拉马克的学说，却到百年后才有人注意。现在为讲演便利起见，先讲达尔文的学说。我个人意见以为这两说都不甚对，因为他们都是以生物界的总和为基础，而不是以全体为基础。

达尔文的学说有三要点即：

（一）继续的变化

（二）生存竞争

（三）适者生存 ⎫自然选择

我们所谓达尔文学派不一定是指达尔文学说之本身，这一点须要认得清楚。尤其是达尔文学说亦不仅是物种相传说。依达尔文的意见，譬如有一对父母生出来的小孩子，决不能完全相同的，换言之，就是有变化，这种变化，并无指导，是极微细的变化。或者长短上略有差别，或者颜色上略有不同，虽有变化，但差异极微，大体没甚变动，这便是他所谓变化。

然而譬如蛙，一次能生卵三万，但此三万卵中能生长的只是少数。而此少数所以能生存之故，是由于与环境适宜。这就是他所谓的"自然选择"了。照达尔文这样说法，似乎已说得很清楚很完全。但是要知道生物变化很是复杂，地层的许多物种是不是全能以达氏之说解说，却真是个问题。

达尔文对于他的物种变化与自然选择说，举了许多例。他说譬如狼兔同生山中，狼是吃兔子的，兔子因为要避免狼，所以必要跑得快的才能生存。其次，譬如北方终年积雪，所以北方的鼠，由黑色变成灰色以适应环境，后来因为灰色还不够，又变成白色，与雪同色。

这就是他所谓无限的变化与继续的变化，但是依丹麦Johaunson[①]的考察，如灰鼠生白鼠，其第二代的小鼠未必更白于第一代的幼鼠。荷兰生物学家 De Vries[②]也主张实变说，这样说来，达尔文的话，未必全靠得住了。

其次再研究他所谓自然选择。Nageli驳得很有趣；他说：譬如说树上的叶子，因为园丁不会打去所以存在，这句话能说有道理么？树上没有叶子时我们或者可以说因为园丁打了去，却不能说因为园丁没有打去，所以存在。只解释了不存在的理由，不能便用来

①　即乔豪森。——笔者注
②　即德佛里斯（H.M.De Vries, 1848—1935）。——笔者注

解释存在。然而这还是就解释的价值而言。

华尔孚[1]（G. Wolff）氏又驳道，假如火车出险，不遇险的人未必是强健的人，坐位好的才或者可以不遇险。又假某地发生瘟疫，不被传染的，未必一定是身体结壮的人，离瘟疫地段远的才可以不被传染，可见位置是极有关系的。既是这样，达尔文的说法的价值在事实上亦减少了。

不但此也，更有四件事，达尔文不能解释。

一、生物的器官，一生出来便要应用，若是一点一点的长成，则在未长成前岂不是不能应用么？但事实上不是如此的。器官之长成，不能像达尔文所谓继续的一点一点的变化。

二、生物之每一器官都极复杂，都与全体有关系。若说此是机会（Chance）使然，如何可通。如说：先天已是如此时，则又不是达尔文的话了。

三、我们的手、足、耳、目，都是成对的，这也是偶然的么？自然不能这样说的。

四、复生的现象，达尔文亦不能解释。

这都是达尔文所不能解释的。然而后来的达尔文派以为生活完全由环境支配，造成了一种绝对的惟物论。至于达尔文自己，可以说是主张超一层的生机主义，他在物种由来书末说道：生活之由来是否是由神给予一细胞呢，抑或是给予许多细胞呢？但是他对于生活，始终没有解释。

其次关于拉马克我们也不妨略说一两句。他说生物内部有一种活动，譬如有一种变化，自己以为有用的便传给子孙。例如水中

———————

① 即沃尔弗，下同。——笔者注

植物恒生在水中生长；长颈鹿，因为便于吃树叶，所以颈长，便也遗传。但是我们现在已经知道"变化性质"是不遗传的。近来德国美国又有所谓新拉马克派，但与拉马克说，其实不同。这也不必细说。

总之，达尔文不能解释的问题，拉马克亦不能解说。大家说的都是总和，堆积；而不是从生机方面入手，不是全体，不是我所谓进化。

（十七）

达尔文与拉马克固然都不能解释我们所要解决的问题，但是我们要求一确切的解释却亦很难。因为进化之线，只有一线，况且现在还在继续进行，起点终点均不可知，欲断其是否为进化，实在不容易知道。有的人说，这是有目的的，进化到人便是最终一点，其实这些都是以人为本位的说法，是不对的。进化之线不仅一段一段的上升（如图甲）的。是四方各面分歧的。（如图乙丙）是很复杂的，是变化多端的。

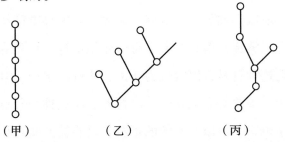

（甲）　　　　（乙）　　　　（丙）

生物究竟是一式变化出来，还是从许多式变化出来的呢？这个问题真不容易解答。即使有所解答，也是假设的。我们所见的各种生物，有的还是初步的样子，有的是已有了进化的，这些现象便是达尔文也没有满意的解释。又如地层中发见许多动物，有的现在世界上还有，有的竟没有。这没有的，是灭种了么？西比利亚有一种大象（Mammoth），现在没有了，大家都以为是灭种了，但是据Steinmann[①]氏说：并不是灭种乃是已经变了别种动物了。其他如昆虫类与哺乳类以及其他，有的没有了，其实也只是这样的变化。总而言之，对于这问题都是假定的，并不是曾经亲眼看见而能确确实实的指出来的。

以上都是关于批评达尔文与拉马克的学说的，现在且另外提出一个问题，这便是人类历史的问题。此与生机主义之关系比较浅，然而也很重要。现在且先将以前讲的，归纳起来。要点凡三：（一）全体的概念，（二）统一的因果，（三）进化与堆积。用此三点来配合生机主义。

人们的历史可以说是由人们的行为感情，意志造成的。以人们的知情意来造成的。总之，心理方面是极重要的。现在的问题便是历史是否也是生机主义的呢？申言之，是进化还是堆积？如果历史也像个人的（Personal）一般能用生机主义解释，自然是不消说得，不必另求其他解释。但这却不能。然而也不能说是总和，也不能竟说是全体。所以必须另有一解释。先要在心中寻得符号，以符号为凭依，才可以解释，但是个人的符号还是不行，须要看有无超个人的符号。而这种符号，以符号为凭依，才可以解释，但是个人的符号还是不行，须要看有无超个人的符号。而这种符号是有的。第一人类有文字语言，可以有互相的影响，表明彼此间有相同之点。第二，人类的大团体中，有时同时有许多新发明，而甲乙两发明家都

---

① 即斯坦曼（D.B.Steinman, 1886—1960）。——笔者注

并不在一处。可见人类中原有相同之点在。第三是道德心。这也是全体的，一定是自己已经承认了是全体的一分子，所以他的行为求符合于全体。关于道德可以分两层来说。第一是爱怜心（Pity），见了苦人的生活而为之悲苦勿胜者是自己在设身处地体贴那苦人的生活。这不过是消极的爱怜心，积极的便是互相的快乐，这是在爱情上表现得最明显，好像人体有互相爱助之必要。然而这还可以说不过是二人的对待关系。第二则是义务心，这却是相属关系而不是对待关系了。所谓义务心者，是人们在大团体里，知道自己有其地位，应当怎样做去，便怎样做去。

为使意义格外清楚起见，对于爱怜心与义务心二者再用寻常的话来解说。耶稣说"爱你最亲近的人"，这就是爱怜心的注语。至于义务心则一定指个人在全体而言。

既是这样，我们能说历史一定是进化么？这却又不然，这不过是符号而已。人类历史也和生物进化一般是不能解决的。一则因为历史也是只有一例的，二则始点终点均不可知的。但是我承认确是有几个全体的符号的。

研究历史的人喜欢说公律，喜欢用因果关系来解释历史。人类历史有的固然可以堆积来说明。如社会上的经济制度，无论何国都先是物物交换，次行使货币，次用纸币，这可以算一公式。又如法国，中国，俄国的革命也有许多相同之点。但此非历史惟一之目的。历史似乎有一目的在。其实历史就是要考究人类进化之趋向，究竟是向着什么目的。对此问题我却有一答案，但不过这是我的信仰。我以为有发见的，他就担负起进化的责任。不论是理知方面或是道德方面，只要有所发见，便是发见人类进化之方向。如盖律雷、释迦牟尼等，不管是在道德上抑或是在知识上都是有发见的。

有一知识线，这一点可以说人类历史是进化的。这便是历史的目的。若是知识线是历史的目的，那么，政治史便太不重要了。政治史上的，岂非全是堆积么？知识线上无论美术、科学、道德，都是向进化之路，是很重要的。

此次在宁讲演，并不会贡献什么积极的知识，不过贡献一种对付问题的一种方法而已。隐德来希与物质的问题，很多可以研究的，希望大家努力，不要以我讲的为已足。希望有所发见，也可以告诉欧洲人说：我们中国亦有新发见了。这是我所最希望的。

（本讲演自十讲以次以孟闻先生之记录为根据特此志谢　编者）

2.《达尔文学说之批评》

达尔文学说之批评[①]

张君劢

（杜里舒博士在武昌中华大学讲演）

今日所讲者，为物种相传说（Theory of descent）之一种，达尔文学说是也。考之地质学或古动物学，世界动物，有古有而今无者，有古无而今有者。故物种之由变而来，已为不易之论，然所谓变者，究竟如何，则学术界中尚无定说。而世人往往以物种之渐变与如何变法，并为一谈。换言之，以达尔文之进化论，作为与物种相传说同一义解，此大不可也。

---

① 杜里舒. 达尔文学说之批评 [M]//杜里舒讲演录：第三期. 上海：商务印书馆，1923：1–10.

物种之由来，吾人以先天方法（Apriori）推定之，可得二说。物种之由来，如胚胎中之行历，由卵而成生机体。一父母所孳生之子女，彼此各有微异。然鸡之卵恒生鸡，鸭之卵恒生鸭，此种胚胎现象，隐然之间，若有为之主者，是为第一说。物种始于一本，而终于万殊。其所以万殊者，则四围之环境为之，因环境而影响于器官，而种以异，是为第二说。如第一说，由细胞而成完具之生机体，吾名之曰进化的（Evolution）。如第二说，器官之变迁，皆外界偶然之遭值为之，吾名之曰积叠的（Cumulation）。

生物学上之大问题，即此进化论与积叠论之争执。以个体生物学言之，由细胞而成生机体，则有非机械的动因在，是名隐德来希。然个体生物，可以实验为左证。而物种全部之变迁，则各物种是否同向一全体，是否各物种之上，别有一超个人的动因在。凡此皆事之渺茫无凭者也。而世之生物学家，不明此义，往往以为个体生物学与物种全体变迁之故，视为久已解决者，盖于此问题之真相，尚多未明耳。

不独生物学，即历史哲学亦复如是。甲曰，历史之进化，有目的在，各部分虽分，而同向一全体，是吾之所谓进化说也。反是者，今日一现象，明日一现象，前后重叠，即等于地质上泥沙之积叠，是吾之所谓积叠说也。历史学家，其以为历史有公例可求者，如兰泊勒[1]（Lamprecht）斯宾格雷[2]（Spengler）氏，皆属于积叠说者。至其是否向于全体性，日进而不已，则此问题之难于断言，与物种全体之变迁等。

---

[1] 即拉姆普雷希特，下同。——笔者注
[2] 即施本格勒，下同。——笔者注

达尔文者（Darwin，1809-1882），世人所目为进化论者也。实则达氏之说，属于吾所谓积叠一类。自一八五九年达氏物种由来出版，于是有所谓达氏学说。其后各国学者宗之，乃有所谓达尔文主义（Darwinism）。然当知此二者，其名虽同，其实大异。何也？达尔文主义者，取达尔文氏之说而变本加厉者也。达氏于其物种由来一书中结束之语曰："生命何自来，为吾人所不知。"又曰："生命之源，是否由上帝先造一细胞或造多数之细胞，亦为吾人所不知。"至于物种如何变迁，更无断定之语，是达氏之非物质主义者也，乃后之宗其说者，悉趋于机械说一派。而威斯曼（Weismann）[①]为尤甚。故吾人于批评之始，不可不将此二者明白分别。

吾之立脚点，为生机主义（Vitalism），即以全体性说明生生之理者也。其与达氏不相容，不俟细论，然今日并不必以生机主义驳达氏，即就达氏所言者而纠正之可矣。

达氏学说之出发点安在乎？曰动物雌雄两性之所孳生，常过于食物之所能供养。譬之以海胆言，每日两性所生之卵，以三十万枚计，以蛙言，每日以二千枚计，故即蛙一项，不及一月，蛙卵可以布满全球，高以一米达。夫蛙一种且如此，矧合一切动物而统计之乎。然同为一父母所生，而生理各有微异。此微异之由来，绝无标准，绝无方向，常因其环境而定，而此微异由甲代传诸乙代，日积月累，于是新种以出。此同种异种之中，常为不断之生存竞争，于是有生者有灭者，是曰竞存，或曰适者生存，就以上简单之说明中，吾人得达氏学说之要义，竞争生存（Struggle for existence）一

---

① 即魏斯曼，下同。——笔者注

也，自然选择（Natural selection）二也，微变之积累三也，其微变之宜者，由甲代传诸乙代四也。

一、自然选择。达氏之意，以为物竞之要义，在抵抗环境，其抵抗而胜者，即为自然之所选择。然今日之所谓适者，明日又在竞争生存之中。故争存无尽期，而自然之选择亦无尽期。虽然，以吾人亲之，大地之上，种种物种，其因争存而败者，谓为为自然选择之力所淘汰以去可矣。若其所以因争存而胜者，非自然选择四字所能说明焉，何也？物种争存，因而有生者有灭者，而其器官因以微异。若其灭者，概以归因于自然选择，固无不可。若其生者而其器官因以微异者，固别有创造之动因（Der Schaffende Faktor）而不得以自然选择四字了之。盖物种之所以灭，有灭之之理由在，其所以生，有生之之理由在。灭者，其不存在者也，生者，其存在者也。若指所以不存在之理由，而即视为所以存在之理由，是以消极与积极混为一谈也。三十年前南德孟勖大学植物学教授奈格里（Nägeli）尝设譬以评达氏自然选择之理曰：设有问者，此街上之树，何以有叶，答之者曰：因花匠未曾将树叶剪去。夫树叶本繁盛，今已不如前次之多，其所以然者，则花匠为之，故减少之部分，当然归因于剪裁者，若夫剪裁后之所存留者，则自有其所以存在之理，非花匠未剪裁云云所能说明也。故以自然选择为新种发生之理由者，何异以花匠未剪去为树叶尚存之理由乎。

吾人虽反对以自然选择解释新种之由来，然非否认自然选择之效果，盖物种因与环境争斗，因而有生有灭，此生灭之状态，以自然选择之名概括之可也。至新种之由来，则又别有原因在。譬之北冰洋之熊，因在冰天雪地中，故尽由灰色变为白色，狼与兔同生一地，兔之能疾走者，则尤能保其生命。若此者，皆自然选择之效力之显者焉。虽然宜种之生，不宜种之灭，固尽由达尔文之所谓天然选择乎，曰否。瑞士动物学家华尔孚①氏（Gustav Wolff）尝有言曰：物种之生灭，有时不因于生理之健康与否，而因于位置。火车相冲时，其幸而存者，非必骨格坚身体健全之人，乃去冲突点较远者也；疾疫之生，其幸而存者，亦非必骨骼坚身体健全之人，乃其所居去疫地较远者也。由此二例观之，则达氏自然选择之中所谓宜不宜，非生灭之惟一标准明矣。

二、微变遗传说。达氏谓生物器官之变化，由于微变之积累所致，然一九〇九年丹麦之约翰生（Johansen）著《正确遗传原论》一书（*Elemente der exakten Erblichkeitslehre*），不啻对于达尔文之微变说，宣告死刑。盖近世之动植物学者，关于物种变迁，若其叶之多寡，色之黑白，皆有一定统计，且根据哥司氏曲线，以得其平均数，而约翰生氏之植物试验方法，谓当求变化之统计时（Variationsstatistik），不应用杂种，而应用纯种。所谓杂种者，聚一群之植物，而其原种之遗传性，本不平等，故名为同种植物，而实包含无数种。此无数种之中，每种各有其平均数，故混合以求之，必不能得正确之统计，反之，若以纯种求之，则遗传不遗传之数，乃可得而推求。譬之如中国之菊花，德国之地草果花（Kamille），或牛乳油花（Butterblumen），皆所谓复杂之种，以其叶数颜色至不一定者也，然约翰生氏取各种花而试之，譬有某花，其叶数少者十，中者二十五，多者四十。其少者十叶之种，至下一代时，叶数由十而跃至二十五，是极端之种，其不能维持原有之平均数明矣。不能维持平均数云者，即达氏之所谓流动变化

---

① 即沃尔弗，下同。——笔者注

（Fluctuating variation）之本可确定者，验之纯种，适得其反，故吾人可下一断语：纯种之流动变化，绝非遗传的。或者曰：达氏亦尝有变化非继续的之说，故与约翰生之言，未尝不合，然自命为正宗的达氏派者，坚持继续之说，故约翰生之言，至少已足以倒正宗派之壁垒矣。

即令吾人之所引之华尔孚氏约翰生之驳论，均不存在。而达氏之学说，仍不能成立，何也？持极端之达氏主义者，谓生物之变化，无目的无方向。然器官者，与动物之生死存亡，有极大关系者也。假令器官之构成，纯出于偶值，则器官何以能完整而适于用，此达氏学说所不能解释者一也。耳与听神经相关，目与视神经相关，种种器官皆以复杂之分子组织而成，而彼此又有相关之处，其自成一系统，而非偶然明矣，此达氏学说所不能解释者二也。乃至人之耳目手足，皆成双数；亦有某某动物，其目之多至二十三十，何得诿为偶然，此达氏学说所不能解释者三也。

虽然，以上三者，尚非吾人驳难达氏之最后语也。动物中有复生能力（Regeneration），如火蛇①（Salamandra）之类，去其前脚，则前脚复生，去其后脚，则后脚复生。乃至蚯蚓，去其头，则其头又生，去其尾，则其尾又生。此种复生能力，如达氏言，必出于父母之所遗传者也。诚为父母所遗传，必其父母无一不遭去头尾去脚之祸而后可，且不仅去一脚已也，必四脚尽去而后可，以火蛇之四脚无一无复生能力也。换词言之，凡火蛇或蚯蚓之生存者，皆会丧失头尾或脚者也，此持达氏说者所必至之奇论。火蛇之类，其丧失两脚而尚能为适者而生存者，必以其伤痕易于医治，即伤痕之细

---

① 即火蜥蜴,下同。——笔者注

推，较多于其他火蛇者也。此种推定，非不在事理之中，然谓每经一次自然选择，独其伤痕上细维多者乃几中选，则细维虽多，而尚未成脚，何能为争存之用，此持达氏说者必至之奇论二。且依胚胎学之试验，凡海胆之细胞，无论其分二分期四分期八分期，任取二分之一四分之一八分之一而畜之，均能成一全胎。依达氏主义者之言，凡属海胆，其前身必尽遭宰割之刑而后可，否则，此长成全胎之能力，海胆之卵，必无后取得者也，此又为奇中之奇。而号为达氏之徒者，惟有瞠目咋舌，不知所对而已。

虽然，如此引伸，不几令达氏学说成为天下至可笑之事乎。曰：此非达氏之咎，而自命达氏之徒之咎焉。达氏自身于生活之来源，自谓不知，其书但曰种源而不曰生源，即此心理之表示，其于物种变迁之原因，初不尽归诸物质。而拉马克之说，多所让步。故若达氏者，虽谓为生机主义者无不可，惜乎后之宗达氏者，变本加厉，而成为物质主义，此不善学达氏之故焉。

吾人研究达氏之说，得以下各种结论：一、自然选择，非积极的动因；二、流动的变化非遗传的；三、流动的变化，不能说明器官特异之来源。

威根氏（Wiegands）有言，石块偶然之积累，绝不能造成巴德农①（希腊古庙），此则持达氏微异之积累以说明物种相传者之所以失败焉。

诸君之中，研究生物学者，当知生物学中不外两派：其一曰达尔文派，其二曰拉马克派（Lamarckian）。吾既不赞成达氏，必以我为属于拉马克派，然亦非也。拉氏之学说，其要点三：第一，器

① 即帕特农神庙。——笔者注

官之不同，起于生理上需要之不同；第二，偶然之殊异，由自动的努力保留之；第三，此种取得之性质，各代继承。此三者今不能细论，以轶出演题范围之外。然拉氏与达氏相同之点，即两家之说，同以偶值为基础故也。惟达氏以偶值为基础，故器官之来源、各器官之关系，与夫复生之理，皆非达氏所能说明。而拉氏学说之弊，正与此同。依达氏说，器官之变化，起于自然选择，故为受动的。依拉氏言，微异皆由生物自下判断，自定去留，故为主动的。虽然，生物之所以成为全体，起于偶然。两家如出一辙焉。

依吾人观之，达氏拉氏之言，均不能解释物种相传之故，然除此而外，绝少正确之智识，故谓此问题为不能解决之问题可也。何也，物种选择日在演进中，而其事例只有一而无二，故其是否向于全体，是否已经终了，皆在不可知之数。与生物之自细胞而全体，历历可亲者，固大异矣。吾人为解决此生命公共团体之大问题计，惟有求之若干种之假定。所谓假定者，即生物全部中，超于其各个体之上，别有一超个人的全体性之符号（Anzeichen für uberpersonliche Ganzheit）在，而其数有四，传种（Fortpflanzung）之事实一也。动植物中能别其同异而成系统二也。系统虽异，而不乏类似之点，如脊髓动物与墨鱼，其眼为同种之构造三也。异体之相依，如树果供给虫类之滋养四也。此四者虽足为超个人的全体性之表现，然使问此全体性之演进，别有确实之证据乎。则吾人惟有答曰：除地理上古动物学上各动物之血统相关之一点，殆无其他确凿可靠之事实。故曰物种相传，乃不能解决之问题也，如此言之，吾人今日之研究，岂非等于无结果。虽然，是非然否，必求之于信而有证者，此即科学之精神。故吾人对于诸君之立言，亦即本此意耳。

3.《历史之意义》

历史之意义[①]

君 劢

（杜里舒博士二月十五日在南开大学讲演）

此来讲演题目，一曰历史之意义，二曰伦理学上之根本问题。二题虽范围各异，而实为一事。以伦理者，不过历史意义之一方面耳。

历史意义云云，在希腊时代尚无研究之者，实肇始于中世纪之教父奥古斯丁[②]（Augustinus）。奥氏尝云，耶教之发生为宇宙间一大事，故历史之意义以此为起点。其产生耶教之民族曰以色列族，

---

① 杜里舒. 历史之意义［M］//杜里舒讲演录：第五期. 上海：商务印书馆，1923：1–10.

② 奥古斯丁（A. Augustinus, 354—430）。——笔者注

奥氏独推尊之，而他族则视为不足道。奥氏之历史观，武断的而神学的，故不足厕诸学者言论之林。文艺复兴以还，有十八世纪之德诗人海尔特[1]（Herder），自地理气候以论人群之变迁，至黑智尔[2]氏有历史哲学一书，于是此学遂为专家之学。就德言之，历史哲学之著作，几于无岁无之，而近来斯宾格雷[3]所著之欧洲灭亡论（*Spengler: Untergang des Abendlandes*）尤为轰动一时。故所以选择此题者，殆合于时代要求，而为诸君所乐闻者欤。

欲论历史之意义，不可不知意义二字之作何解释。以德语言之，或曰Bedeutung，或曰Sinn，若以Sinn代Bedeutung，则以甲字代乙字，犹无当焉。依予所见，凡变化情形之有目的者，是为有意义。以自然界之现象明之，若山脉之成，或由火山之爆裂，或由地形之变迁，时而风吹，时而雨打，一切出于偶然，初无目的可言。反之若蛙卵之长成，自受精后，为细胞开剖，而终于成蛙。若是者为有目的，二者之为变化同也。然一则为物理的变化，故彼此之积叠为总和的（Summhaft）。试分析言之，有特点三。山石堆砌，而彼此并无关系，一也。风吹雨打，原因皆由外起，二也。元素之性质，如速率位置等既定，则变化可以推算而得，三也。以言乎蛙，则为生机体的变化，亦有特点三。求达于最后之全体（Endganze），一也。生机体之长成，不能无待于物质条件，如水中之酸素，气候不能在百度表零度下，皆是也。然环境虽重，而动力则自内发，二也。虽知其元素之性质，无以明其变化，以其中尚有全体化成之动因（Ganzmachende Faktor）在，三也。吾人更以简

---

① 即赫尔德（J. G. Herder, 1744—1803）。——笔者注

② 即黑格尔。——笔者注

③ 即施本格勒。——笔者注

单之名表之，山脉之变化，为总和的为偶然的为元素所合成，至于生机体之变化，则为全体的，彼此互有关系，而其动因则不能求之于元素之间也。

变化之为总和的偶然的，吾人名之曰积叠。其为全体而互有关系者，吾人名之曰进化。于是所谓历史之意义者，决之于历史之为积累的，抑为进化的而已。近数十年来，进化之说，成为口头禅。政治则进化焉，社会则进化焉，文学则进化焉。依吾人观之，欲问此政治社会文学之是否进化，当先问进化之意义。盖历史者，关于人群行动之心理方面者也，假其诚如自然界之蛙卵之长成为生机体，于各个人之上，别有超个人的特征在，则于进化之义，庶几近之矣，此进化之标准一也。然甲之所为，乙亦如之，甲代之所为，乙代亦如之。若此者，虽为超个人的特征，犹不免于重规叠矩。故超于心理之积叠者外，有无特创而日进不已者在，此所谓进化之标准二也。吾人持此标准求之，所谓历史者，究为积叠的乎？进化的乎？抑兼二者而有之乎？

前既言之，物质者聚元素而成者也，故知元素之速率位置，可以推知物质之变迁。若夫生机体，以其非机械的，故非物理学之所能说明，而有待乎全体化成之动因。历史者，以人类社会之心理方面为主者也。假令历史现象，悉本个人心理学可以从而解释，则亦犹之物质之为积叠的，而无所谓生物学之进化矣。依吾人观之，所以解释历史途径者，其方法有三：曰积叠，曰进化，曰兼二者而有之，然纯粹的进化一义，可置不论。盖人类行为中，若一人之早作夕辍，某时早餐，某时午餐，谓其皆与进化有关，此殆必不然者矣。乃至议院之中，甲党登台，乙党必起而反驳之，必谓其与进化有关，此殆亦不然者矣。如是三者之中，只有二途，曰积叠的，曰兼二者而有之耳。

历史之中，其大部分，可以个人心理学解释之。以欧战言之，苟在战前有深知各国政治人物之心理者，或不难推定欧战之必生。不独欧战也，凡历史中有公例可求者，大抵为心理学之所能解释。譬之游牧之后，必继以土著；实物生计之后，必继以货币生计，以言乎美术；全盛之后，必继以拔劳克、罗哥哥（Baroko-RoKoKo）时代，以言乎革命；登峰超级之后，则必有反动，而后趋于帝国主义。凡此类者，其层累而上，殆如地质学中海上三角洲与山峡之构造，一言以蔽之，则积累的也。历史学者，创为历史公例之说，谓甲国甲时代所见者，可推诸乙国乙时代而亦准，如卜克尔（Buckle）丹恩①（Taine）兰伯列希②（Lamprecht）勃兰雪希（Breysig）皆属此派者也。诚所谓历史，而有公例可求，则历史者，应用的心理学而已，何也，历史现象，可推本于个人心理，与其因此心理而及于全社会之影响故也。夫一现象之来，既出于各个人心理之所积合，则与各元素之相合以成物理现象者复何以异，此之谓积叠的也。

虽然，人类历史，除其陈陈相因，而可推本于个人心理者外，尚有某种特征，足以表示人类之为一体为全体（Einheits und Ganzheitszüge）者乎，世固无进化而不兼有全体性者，但不能谓有全体性者，即兼进化而有之。换词言之，人类即有全体性之标帜，而其有无最终目的，是否进化，尚待研究也，所谓人类之全体性，其特征五。

---

① 即泰纳（H. A. Taine, 1828—1893）。——笔者注

② 即拉姆普雷希特。——笔者注

甲、道德的自觉性（Das Sittliche Bewusstsein）。人类之道德性之重要者二，曰爱曰义务。爱者，视人如己焉，义务者，各尽其所当为焉。此二者之所以存在，正所以表示各个人之上，则有一个超个人的全体在，其详俟明日论之。

乙、职业的协和（Harmonie der Berufe der Menschen）。一团体之内，有所谓职业，各尽所能，各得所欲，此职业之分配，在国家有非常之变时，尤为重要。不足时各以节俭相勉，坐食者相率于努力，彼此酌盈剂虚，而因以维持其生存，虽其间不乏失业与饱食之别，然不谓全体性之表示，不可得焉。

丙、学说受授（Zuordnung zwischen dem Lehrer und Befolger）。一团体之内，甲创一说，乙树一义，而既有授者，同时则有受者，此绝非仅师生相互间之传授已焉。其所以彼此相得者，则必以两人同在一种协和的全体中故也。

丁、新观念之同时发明（Vielheit neuer Anfange）。异国之人，各不相谋而想及同种学说，如奈瑞[①]与兰勃尼孶[②]之发明微分学，此二人其非抄袭明焉。顾何以二人同时异地而有同种之学问的解决，不谓为全体性之表示得乎。

戊、目的之异化（Heterogonie der Zweck）。有某行为焉，本目的在甲，及其影响发生，转而至于乙。其由甲而至乙，翁特[③]氏（Wundt）名之曰目的之异化，谓其影响所届，非行为者意料所及焉，黑格尔氏有理性之作弄（List der Vernuft）之语，亦同此义。恺

① 即牛顿。——笔者注
② 即莱布尼茨,下同。——笔者注
③ 即冯特（W. M. Wundt, 1832—1920）。——笔者注

撒之练兵于法，本以制其敌人滂碑①氏，而卒建罗马帝国之基，亚历山大之攻小亚细亚，雄主之穷兵黩武耳，而卒以结东西交通之纽，若此者，舍以团结人类为一体外，复有何道以解释之。

吾人昔下进化之定义，谓变化之相继，而终至于成一非总和的全体，如生机体是也，人类社会之变化，其有全体性之标识，已如上述，即此标识之中，固未尝无相反之迹辙，故谓人类团体中，全体性与非全体性相间可焉。此二者之相间，已为不易之事实，然其最终之目的安在乎？其最终之全体（Endganze）安在乎？假令所谓目的，所谓全体，如胎生中之生机体，庶几可谓为进化的矣，然则人类团体中，其最终一境为何？此则吾人所当答复者也。

谓物种之变化，出于同一血统，是为物种相传说（Theory of descent）。就传种（Fortpflanzung）与动植物系统言之，其为出于一源，殆无疑义，至其所以然之故，则异论蜂起：谓微异起于环境者，达尔文是也；谓微异起于心理者，拉马克是也。此二说虽异，要皆谓物种之变化，起于偶值（Accident），然依予之试验观之，则知个体生物之形成，以隐德来希为主动，而初非物质之积叠。然即令隐德来希之说，验之个体生物而大明，至超于各物种之上之隐德来希如何作用，则至今犹一无所知。故物种变化之故，谓为宇宙之谜可焉（赫克尔谓为已解决，实则其图表皆出于个人想象）。

谓世界人种之分立有关于进化耶，以吾人所见，人种之发达虽殊，然无特别之差异。以欧洲之哲学上之贡献言之，法有笛卡儿②（Decartes）、马尔白郎希③（Malebranche），英有陆克、休谟，德

---

① 即庞培。——笔者注

② 即笛卡尔。——笔者注

③ 即马勒伯朗士（N. Malebranche, 1638—1715）。——笔者注

有兰勃尼挚、康德，文化学问之发达，纯视个人之天性如何，与种族之界无涉焉，欧种如此，他种可知。

谓英德法及其他各国之分立有关进化耶，则德法之世仇，其先出于同源，今德之西部，与撒尔脱人（Celt）混，东部则与斯拉夫人同化；以言英人，则为盎格鲁、撒逊、诺曼三种人之混合，若此者，皆物质心理之积叠使然，谓为出于天之所命，则误矣。各国之分合，殆如蚁蜂之散处，多一国，少一国，与世界之进化，决无影响。

然则历史上之大人物，其种种行为能构成一进化线耶。以吾人观之，所谓大人物者，即其生存，半出于偶然，或以疾病而死亡，或以战争而殒命，谓一负担进化之人，而生死之不可必如是，则进化步骤之相继，不亦殆乎。

由上所言观之，大人物也，民族也，国家也，皆与进化之义无涉。何也？凡散见于大地而属于空间的者，皆以非全体性参杂其间，既非全体矣，尚何进化可言。诚如是，地球上人类历史中，果无进化之可言乎。曰不然，变化之为进化的者，独知识线（Wissenslinie）而已。

智识有二面，自其互相授受者言之，固虽逃积叠之公例，自其推陈出新者言之，则日新又新，进而不已，且流传人间，今古相继，文字一日存在，即智识一日不灭。又以智识虽出于一人，而是非真伪之标准，必以最后之全体为依归。若夫种族政治，有此疆彼界之分，而独此一端，则为人类共享之公器，故吾以为欲求所谓进化线，舍智识莫属焉。

此知识线上之贡献者，世界能有几人，以吾人观之，孔子也，老子也，耶稣也，释迦也，亚历斯大德也，奈瑞也，歌德也，康德也，其殆近之，然特创者固不可多得，而有功于传播或采纳者，要亦合于前所谓学说之传播之全体性，故智识之授受者，虽概以归诸进化之列可焉。

虽然，更进一解言之，人类历史之是否进化，永远之不解决之问题也。何也？生机体之全体与非全体，以个体甚多，故可资以比较，若夫人类历史，只此一种，故无比较可言。换词言之，以其为一度性（Einmaligkeit），固全体非全体，难以决定，一也。既为一度性，故变迁之已否终了，难于断定，二也。生机体经胎生之行历，其目的则在生机体之完成而已，若夫人类之种种变迁，种种分合，其目的安在，为人类所不克知，三也。以此三故，人类是否进化一问题，殆永为历史哲学上之发问符号而已。

4.《自由问题》

自由问题（Das Problem der Freiheit）[①]

张君劢

（十一年十月杜里舒博士为吴淞同济学校及中国公学学生演讲）

自由问题常与自由意志合为一事，实则自由之范围之广，远在自由意志之上，特吾人之研究，先从自由意志问题下手。

自由之名，吾人试为之下一定义：一现象之可称为自由者，既无外界之因从而决定之，又无内界之固有性（Wesen）从而决定之，总之无可确指之因者是也。

此种自由，吾人名之曰绝对的自由论，法哲学家柏格森采之，与非定命主义（Indeterminismus）同一解释。

---

① 杜里舒. 自由问题 [M] // 杜里舒讲演录：第八期. 上海：商务印书馆, 1923: 1–11.

四 附 录

若夫吾人平日所言或哲学家所研究，则所谓自由之义如下：一现象之可称为自由者，其所以决定之之原因，其在内界之固有性，而不在外物。

由此定义观之，所以决定之者，有原因在，惟其不起于外物，而起于内界，故亦得以自由名之，是为相对的自由论，而斯宾挪沙①氏（Spinoza）、康德氏采之。斯氏尝有言曰：物之可称为自由者，即其存在，由于其物固有性之必然，其行动之由来，由自身决定之。既言决定，则与柏氏之所谓无因可指者异趣。

自由之二义如是，自种种方面以观察之。

一、内省中之意志体验（Willenserlebnis）。意志者，我欲如何如何之谓也。此意志在自觉中在体验中究作何状。

我欲如何如何者，必有其所欲之客体，此时仅在表相中，尚未成为事实，所以欲之者，即使之实现而已。意志之中，有重要之元素二。将来求所以实现之一也，现时仅在表相中二也。实现之际，衷心舒泰，未实现之际，感觉困难，试以我决意作一函件为例而说明之，此决意中包含之元素，约有十一项。

1. 所对的中心（Der gegenstandliche Kern）
2. 现时 ⎫（Jetzt）
3. 表相而已 ⎬（Nur Vorgestellt）
4. 不快之感 ⎭（Unlust）
5. 将来 ⎫（In Zukunft）
6. 实在 ⎬（Wirklich）
7. 快感 ⎭（Lust）

---

① 即斯宾诺莎，下同。——笔者注

8. "我"之情调（Ich-Tönung）

9. 动作的感觉（Motorische Empfindung）

10. 吾身之因果的参与之确知（Erledigtes Wissen um die Kausal-Beteiligung Meines Leibes）

11. 最终效之情调（Endgultigkeitstönung）

此种体验中，所欲为之信，其所对的中心也。此中心在现时之内，则仅属于表相，故有不愉快之情调，此第二、三、四，各项所由来也。在将来之时日内，则为自然界之实在体，故有愉快之情调，此第五、六、七各项所由来也。既云我要为，故我之情调甚强，且辅以手写之状，此第八、九两项所由来也。然使此体验中，仅以此九项为止，则此信尚在愿望中而不见于事实。于是有第十项曰：吾知吾身能参与于此作书之事。最后尚有一项，则此信之作成，有益于秩序，故名之曰最终效之情调。

吾人所以为此分析者，非徒为分析计焉。盖欲于分析之中，求自由问题之解决。或者之意，以为吾人既能决意，且能见于行为，是足为自由之证据。然吾人之意，以为内省之中，其元素有十一，而行为不与焉，以行为不在自觉中，而在非自觉中，故曰意志体验之分析中，既无自由之证据，亦无不自由之证据存焉。

二、心理学上之意志说。心理学之大目的，在求心理现象来去之公例。先以心能之说如记忆、联想之类，继以心灵上变迁之由来，故以非自觉性终焉。惟其如是，心理学中以因果为最重要之概念，或推本于前日之变迁，或推本于心灵中之固有性。总之，不离乎因果之念而已。心理学为经验科学为论理之一部。苟其不欲自放弃其成为科学之资格，则惟有抱定因果说。换词言之，与自由论与自由意志两不相容而已。

或者以为意志之后，尚有行为。此其行为，出于自由。然自心理学为经验科学之地位言之，必求一种原因于以往之事实而解释之，曰行为与意志之关系，早已决之于以往之心理现象中。即曰在事实上当下决心之际，当有一东一西之分歧。其所以决定或东或西者，或有自由存乎其中，然自心理学之地位言之，决不承认此自由，而以"定向"（Determinierende Tendenz）、"自觉性位态（Bewusstseinslage）解释之，故曰定命者，乃心理学对于自由问题最后之判决也。虽然，心理学能否为最终之审级乎，曰是又不然。

三、变态心理。定命之说，证之变态心理，尤为明显。试举定限催眠言之，昔年维也纳医学大会，医生某于女士某施以定限催眠，届午后二时，女士易服携伞，若出于自动者然，赴大会场，立会长桌前，高歌一曲而去。自女士自身言，岂不以为自由意志，实则暗中由于医生之施术。如是，以催眠言之，若自由论之不能成立，已无疑义，然事非若是易决焉。

四、道德论上之观察。一国之中，所以表示道德的自觉性者，有所谓"当如此""不必如此"或"可以不必如此"（Hätte nicht sein Sollen）之语，即所谓善恶也。以个人之地位言之，我之所认为当然者，决意求其实现；我之所认为不当然者，则决意阻止其实现。此一求一阻之间，则所谓自由意志也，乃至所谓责任心，所谓自怨自艾，皆发于良心，而决非有外力使之者，其为自由意志，更无疑义。虽然，依吾人观之，所谓道德者，其基础立于超个人的团体之上。有此团体，而各个人居于其间，若有一定之职掌，曰甲之责任在是，乙之责任在彼，因此之故，而"当如此"与"不当如此"之概念以生。诚善恶之标准，发于其为团体员之固有性，而其所行所为，不过此固有性之标帜，则斯宾挪沙、康德之所谓自由，而非柏格森之所谓自由焉。

五、种史上及人类历史上之观察。历史者，以人类之行为表相之者也，故问人类历史之是否自由，即问人类之意志与行为是否自由可矣。前段中所述内省上心理上道德上种种研究，其所得结论，则以为人类之意志，苟无心理上旧日之经验为之决定，则以各人之固有性从而决定之，是定命也，非自由也。依吾观之，苟一部历史，皆心理学之公例所能解释，则历史者，不过应用的心理学耳。然往往见有历史上之现象，确能超出于重规叠矩之外，无以名之，名之曰进化的非积累的（详见历史之意义讲演中）。而其现象属于智识界为多，故历史中之进化的现象，独归之人类之智识线，盖人类之中，独有少数人，发见人类智识界之所谓问题，且求所以解决之，若两人者，是之谓先觉，是之谓天才。然即此先觉与天才，非能一日二十四时中无时无刻无不在自由创造之中，而绝不受外界之支配，故柏格森云：此天才之士，其一生中偶有片刻光阴，在自由创造之境中。虽然，然耶否耶，非吾人所得而解决者也。

若就物种之变迁言之，有达尔文之环境改造器官说，有拉马克之因生活条件之需要不需要而定器官之构造。此两家之言，皆以为器官之发生。由于适应环境，此种学说，其非满足之解决（详见达尔文学说之批评中），已为一般所公认。自柏格森创为生命冲动之说（Elan vitale），谓世界之生物中，有一以贯之之现象，是名生活流。此生活流，日进而不已，变而不已，故无所谓预定之目的。因此之故，康氏所谓固有性，所谓固定条件（Beharrliche Bedingung），柏氏所不认者也。柏氏之意，此日变之中，即为固有性，即为本体，故曰即变即本体；惟其无本体，故无决定之因，既无定因，故为绝对之自由。

种史与人类历史之为自由的或为因果的，其所以难决者，盖有故焉。物理界与生物界，每一个体，其为物不止一个，譬之树木，则盈千累万焉，动物则盈千累万焉，人类则盈千累万焉。惟其为数之多，可以供人比较与试验，故前因安在，后果安在，在物理学生物学心理学上必可求一种解释，即生机体之变化，不如物理界之明瞭。则吾人推定隐德来希之说以解释之，以求符合于论理学上因果原则之要求而已。以言种史，只此一事，以言乎人类历史，又只此一事，惟其无同类之物，可以与之并列而比较之，故物理学与生物学之因果概念，能否转移于种史或人类历史上，则事之不可知者也。

所谓种史与人类历史是否为不断之变迁之行历（Ein Fortlaufender Veranderungsprocess），而有一最后之目的在，此亦非可确知者也。吾人自传种之事实与夫道德之概念上推定各个体之上，必有一超个体之全体在，以不如此，则道德之由来，无从而解释也。此超种个体之全体，既出于推定，则此超个人之全体之变迁，其为因果的抑为自由的，更非人力所得而断言。

由上四段观之，以内省方法分析意志，其间不涉及行为，故无自由不自由之可言。心理学之成立，以因果为前提，故一切心理现象悉以因果律支配之，而自由不自由之讨论，非其范围内事，至于道德上之责任心等等，以超个人的全体解释之，则无所谓自由，即令有之，亦有团体员之固有性从而决定之，故无所谓绝对之自由，若夫种史与人类历史，虽超于各个人之上，似别有一总体在。然以其为一度的（Einmalige），且其进化尚在进行中，故即其日变不已之象，为自由的，抑有固有性支配之，皆非吾人所得而知，故可以一言断之者，则自由不自由，非人力所解决之问题也。

吾人更举三家之说，以观前人所以解决此问题者，其方法何如。

　　康德以为人类之品性有二面：一曰经验的品性（Der empirische Charakter），一曰良知良能的品性（Der Intelligible Charakter）。譬之忽见有人投水，思所以救之，则必自入水中，有不畏死之气概而后可。凡此见人投水也，自入水中也，皆属于经验的，故受因果律之支配。虽然此经验的品性，现象也，所以发而出之者，别有基本（Grund），别有固定的条件在，是之谓良知良能的品性，是之谓本体，就现象言之，则因果的非自由的也。就本体言之，不自由之中，而有自由者在，何也？出于自己之固有性而不受外力之牵制也。故康德之所谓自由，即按照固有性（Wesensgemässssigkeit）是也。

　　反之如柏格森，以宇宙为不断之变迁，非别有本体或固有性在，惟其无固有性，故无所谓因果，而为绝对之自由。如柏氏言，生物器官之变迁且出于自由，则人类意志之出于自由可知。

　　此外则有调停于康德与柏格森之间者，是为雪林氏[①]（Schelling）。盖如柏格森之言，以言乎上帝，上帝无固有性，故种史与人类史之变迁，非上帝之固有性所得而决定，是为自由的。以言乎个人，则个人无固有性，故个人之行为，非其固有性所得而决定，是为自由的。如曰上帝有固有性，则种史与人类史之存在（Dasein），与其所以如是（Sosein），即上帝之固有性决定之也。个人有固有性，故个人之行为之存在与其所以如是之故，其固有性决定之也。虽然，雪林氏则曰，就其所以如是言之，则固有性限之

---

① 即谢林，下同。——笔者注

也，就其存在之由来，则绝对之自由也。

以雪氏之言适用于种史人类史与个人之行为，上帝有固有性，故种史与人类史之所以如是，上帝之固有性定之也。然其决意出于创造世界之一举，则绝对之自由也。以言乎个人，就其行为之所以如是，个人之固有性限之也，然其著手于此行为，则个人绝对之自由也。

由上所言，则物种之变迁人类之历史二者与上帝问题本为一事。一以为上帝有固有性也，则以上帝为超于世界外之造物主也。一以为上帝无固有性也，则变迁之中即为固有性之所存，是一种之泛神论也。此说也，柏格森采之，而与雪林氏微异者也。

三家之说如是，尤以见此问题无一致之解决，大抵主智者好言因果，主行者好尊自由意志。此则视其人之性情如何，故不能强人而同之。然吾人于自由不自由问题，虽无确定之答案，然明言其无法解决，亦即答案之一种也。数千年来，数学家欲以圆形化成四方形，屡试不成，其后法国学士会会员发表文字一篇，历言此事之不可能，于是此问题遂告终局。故吾人"不能解决"之语，或亦可为答案之一种乎？诸君之中，苟有询我三家之说，孰为近真？则我以为就个人所信，行为之所以如是，则个人之固有性限之，若其行与不行，则个人自有自由，故于不可解决之中，而以吾之所信言之，则吾采雪氏之言。（完）

结　语

20世纪20年代初期，中国思想界正处于新旧交锋、新陈代谢之时。杜里舒此时来华，大力宣讲其思想与学说，介绍欧洲的哲学潮流。其生机主义的学说充满了反对机械主义的活力与冲劲儿——反对达尔文的进化论，主张"智识线"的进化，提倡生命的自主性、趋向全体性、相互协调性等。这对当时处于深重灾难的中国与麻木不仁的民众来说，无疑不是一种兴奋剂，因此极大地吸引和鼓舞了中国的知识分子。他们将之与中国国情相结合，用来解决中国现实问题，或参加论战，或鼓舞精神，或建立学说。杜里舒的学说以生机主义为特征，激荡着陈腐的封建文化，冲击着沉醉的中国民众。20世纪20年代的中国思想与文化领域因之添色彩、增活力。中国近代思想界为杜里舒准备了舞台，杜里舒为中国近代思想界增添了精神与活力。

参考文献

[1]杜里舒. 杜里舒讲演录[M]. 上海: 商务印书馆, 1923.

[2]费鸿年. 杜里舒及其学说[M]. 上海: 商务印书馆, 1923.

[3]杜里舒. 实生论大旨[M]. 江绍原译. 上海: 上海亚东图书馆, 1923.

[4]朱传誉. 张君劢传记资料[M]. 台北: 天一出版社, 1981.

[5]张君劢. 中西印哲学文集[M]. 台北: 学生书局, 1981.

[6]张君劢, 丁文江等. 科学与人生观[M]. 济南: 山东人民出版社, 1997.

[7]张君劢. 张君劢集[M]. 北京: 群言出版社, 1993.

[8]朱耀垠. 科学与人生观论战及其回声[M]. 上海: 上海科学技术文献出版社, 1999.

[9]朱谦之. 朱谦之文集[M]. 福州: 福建教育出版社, 2002.

[10]梁启超. 饮冰室合集 [M]. 北京: 中华书局, 1989.

[11]元青. 杜威与中国[M]. 北京: 人民出版社, 2001.

[12]郑大华. 张君劢学术思想评传[M]. 北京: 北京图书馆出版社, 1999.

[13]郑大华. 张君劢传[M]. 北京; 中华书局, 1997.

[14]黄见德. 西方哲学东渐史[M]. 武汉: 武汉出版社, 1991.

[15] 黄见德. 20世纪西方哲学东渐问题 [M]. 长沙: 湖南教育出版社, 1998.

[16] 楼宇烈, 张西平. 中外哲学交流史 [M]. 长沙: 湖南教育出版社, 1998.

[17] 何炳松. 何炳松文集 [M]. 北京: 商务印书馆, 1997.

[18] 贺麟. 五十年来的中国哲学 [M]. 沈阳: 辽宁教育出版社, 1989.

[19] 郑大华. 论张君劢对西学东传的贡献 [J]. 中国文化研究, 2009 (夏之卷).

[20] 郑先兴. 新生机主义文化史研究理论及其在中国的实践 [J]. 上海财经大学学报, 2006 (08).

[21] 王伟凯, 张益宁. 论杜里舒哲学在中国的传播 [J]. 前沿, 2009 (05).

[22] 龙国存, 王瑞香. 杜里舒对朱谦之生机史观的影响 [J]. 德州学院学报, 2010 (03).

[23] 龙国存. 杜里舒对张君劢 "科玄论战" 的影响 [J]. 西南大学学报 (社会科学版), 2009 (03).

[24] 龙国存. 浅析德国哲学家杜里舒对近代中国时代精神的影响 [J]. 文教资料, 2009 (10).

[25] 倪梁康. 胡塞尔的未竟中国行——以及他与奥伊肯父子及杜里舒的关系 [J]. 现代哲学, 2015 (01).

[26] 林剑华.《东方杂志》专号对科学、艺术的关注与传播 [J]. 福建教育学院学报, 2019 (10).

[27] 向达. 张君劢的 "宪政梦" 解析: 实质、渊源及意义 [J]. 河北师范大学学报 (哲学社会科学版), 2019 (03).

[28] 郑先兴. 文化史研究的理论与实践 [D]. 华东师范大学, 2004.

[29] 李春影. 瞿菊农教育哲学思想研究 [D]. 东北师范大学, 2017.